FAVORITI KAMIONA S HRANOM ZA SVA VREMENA

Stvaranje 100 klasika ulične hrane kod kuće

Tea Vinković

Autorska prava Materijal ©202 4

Sva prava pridržana

Nijedan dio ove knjige ne smije se koristiti ili prenositi u bilo kojem obliku ili na bilo koji način bez odgovarajućeg pisanog pristanka izdavača i vlasnika autorskih prava, osim kratkih citata korištenih u recenziji. Ovu knjigu ne treba smatrati zamjenom za medicinske, pravne ili druge stručne savjete.

SADRŽAJ

SADRŽAJ 3
UVOD 6
DORUČAK 7
   1. Debeli Jaja Rancheros 8
   2. Mini Javorove rolleds cimetom 10
   3. Pizze od kalupa za vafle 12
   4. BLT klizači za vafle 14
   5. Kamion s hranom Beefy Jaja Rancheros 16
   6. Zalogaji za doručak s cimetom 18
   7. Omlet od kamenica 20
   8. briselski vafli 22
   9. Liege vafli 24
GLICASE I PREDJELA 26
   10. Tostirani ravioli iz kamiona hrane 27
   11. Kamion s hranom Kukuruz Psi 29
   12. Egzotična pileća krilca s pet začina 31
   13. Novi Orleans Beignets 33
   14. Tostirani meksički ravioli 35
   15. Napunjene šalled za vučenu svinjetinu 37
   16. Banh Mi ražnjići 39
   17. Proljetne rolled od svinjetine i povrća 41
   18. Buffalo pileća krilca 43
   19. Kamion s hranom Samosa 45
   20. Buffalo makaroni i zalogaji sira 48
   21. Kamion s hranom Svinjetina Satay 50
   22. Jalapeno Popper meksički ulični kukuruz 52
   23. Punjeni PB&J tost ćevapi 54
   24. Čokoladled pržene u dubokom ulju na štapiću 56
   25. Felafel 58
   26. Ćevapi od ovčetine 60
   27. Pakoras 62
   28. suvlaki 64
   29. Kroketi od krumpira 66
   30. Fricadelles 69
SENDVIČI, I PLJESKAVLED 71
   31. Kamion s hranom Sloppy Joe Psi 72
   32. Sendviči s bosiljkom i piletinom 74
   33. Piletina i karamelizirani sir na žaru od luka 76

34. Sendviči sa šunkom i jajima bez sira 78
35. Domaći Sloppy Joes 80
36. Falafel pileći hamburgeri s umakom od limuna 82
37. Rolled od jastoga 85
38. Kokošja ulicaTacos sa salsom od kukuruzne jled 87
39. Zelena rajčica BLT 89
40. Libanonski ulični sendviči 91
41. Sendviči sa salatom od piletine s roštilja 93
42. Pileći sendvič generala Tsoa sa slanom 95
43. Burger slajderi s tajnim umakom 98
44. Bang Bang slajderi za tortu od škampi 100
45. Azijski sendviči s vučenom svinjetinom 102
46. Bavarske mesne okruglled pobjednled na natjecanju 104
47. Sendvič od svinjskog lungića 107
48. Začinjeni riblji sendvič 109

TACOS, ENCHILADAS I OMOTATI 112

49. Kamion s hranom Riba Tacos 113
50. Moo Shu obloge od gljiva 115
51. California Svitak Omotati 117
52. Pileći tacosi u sporom kuhanju 119
53. Mini Chimichangas 121
54. Lime-Chipotle Carnitas Tostadas 123
55. Kamion s hranom Ukusni buritosi 126
56. Poljoprivredna tržnica Enchiladas 128
57. Piletina Caesar Omotati 130
58. Pileći suvlaki pitas 132
59. Pješački takosi u kamionu s hranom 134
60. Pileći tamaleš 136

NAPUNJENI POMFRITI 139

61. Napunjeni pomfrit s vaflima 140
62. Buffalo pomfrit s plavim sirom 142
63. Puni krumpirići sa sirom i čilijem 144
64. Pomfrit s tartufima i parmezanom 146
65. Pomfrit za doručak 148
66. Bacon Ranch krumpirići 150
67. Prženi krumpirići Pečenje za večeru 152
68. BBQ pileći krumpirići 154
69. Pečeni svinjski krumpirići s roštilja 156
70. Cheeseburger krumpirići 158
71. Pomfrit s govedinom i čilijem 160
72. Piletina Ranch krumpirići 162
73. Cajun pomfrit od račića 164
74. Kamion s hranom Poutine 166

MAINS 168
75. Najbolja dječja stražnja rebra 169
76. Dimljeni Mac i sir 171
77. Korejska govedina i riža 173
78. Omiljeni Mesna štrucaGyros 175
79. Svinjsko i ramensko prženje 177
80. Čilijem naribana rebra 179
81. Parfe od vučene svinjetine 181
82. Kamion s hranomPad Thai 183
83. Piletina Kijev 185
84. Vol-au-Vent 187

DESERT I SLATKIŠE 190
85. Tradicionalni lijevkasti kolači 191
86. Sladoledni sendviči Ludost za slatkišima 193
87. Sladoled od jagoda 195
88. Poslastled u kornetu od sladoleda 197
89. Kamion s hranomNaranča Krema Tata 199
90. Jagoda-rabarbara Led Tata 201
91. Brownie Utopljeni Sundaes 203
92. Smrznute kašled od banana 205
93. Prženi sladoled bez prženja 207
94. Starinski sladoled od kreme 209

PIĆA 211
95. Jagoda Lubenica Slush 212
96. Rabarbara Lemonade Slush 214
97. Limunada od krastavca i mente 216
98. Ledeni kavu s mlijekom od lavande 218
99. Limunada od breskve i bosiljka 220
100. Ledeni Matcha Kavu s mlijekom 222

ZAKLJUČAK 224

UVOD

Dobro došli u "Favoriti kamiona s hranom svih vremena: rekreacija 100 klasika ulične hrane kod kuće"! Krenite na kulinarsko putovanje na kojem živopisni okusi ulične hrane iz cijelog svijeta oživljavaju u vašoj kuhinji. Od krčkajućih tacosa do slatkih hamburgera i slatkih slastica, ova je kuharica vaša putovnica za doživljaj neodoljive privlačnosti hrane u kamionima kod kuće.

Kamioni s hranom odavno su omiljeni zbog svoje sposobnosti dostave ukusnih i praktičnih obroka u pokretu, nudeći primamljivu lepezu okusa koji će zadovoljiti svako nepce. U ovoj kuharici pripremili smo zbirku od 100 klasika ulične hrane, a svaki recept je pomno osmišljen kako bi uhvatio bit ovih kulinarskih dragulja.

Bilo da žudite za pikantnim korejskim BBQ tacosima, ukusnom pizzom u njujorškom stilu ili slatkim churrosima, na ovim ćete stranicama pronaći sve svoje omiljene prehrambene namirnled i više. Uključili smo upute korak po korak i stručne savjete kako bismo osigurali da čak i domaći kuhari početnici mogu s lakoćom rekreirati ova kultna jela.

Dakle, obrišite prašinu sa svoje pregače, zapalite svoju kuhinju i pripremite se za gastronomsku avanturu koja nije jedinstvena. Bilo da pripremate roštilj u dvorištu, planirate tematsku večeru ili jednostavno žudite za okusom ulične hrane, "Favoriti svih vremena u kamionima s hranom" pokriva vas.

Pripremite se impresionirati svoju obitelj i prijatelje svojim kulinarskim umijećem dok rekreirate ove klasike ulične hrane kod kuće. Uronimo i otkrijmo radost unošenja živopisnih okusa kamiona s hranom u vlastitu kuhinju!

DORUČAK

1.Debeli Jaja Rancheros

SASTOJCI:
- 4 kukuruzne tortilje
- 1 žlica biljnog ulja
- 1 glavica luka nasjeckana
- 2 češnja češnjaka, mljevena
- 1 paprika, nasjeckana
- 1 jalapeno papričica, očišćena od sjemenki i nasjeckana
- 1 limenka (14 oz) rajčled narezane na kockled
- 1 limenka (14 oz) crnog graha, ocijeđenog i ispranog
- 1 žličica mljevenog kima
- Posolite i popaprite po ukusu
- 4 jaja
- Kuhana mljevena junetina ili goveđi chorizo
- Naribani sir (cheddar ili Monterey Jack)
- Svježi listovi cilantra za ukras
- Kriške avokada za posluživanje (po želji)
- Salsa za posluživanje (po želji)

UPUTE:
a) Zagrijte pećnicu na 350°F (175°C).
b) Premažite obje strane kukuruznih tortilja biljnim uljem i stavite ih na lim za pečenje.
c) Pecite u prethodno zagrijanoj pećnici 5-7 minuta, ili dok ne postane hrskavo i lagano smeđe.
d) U tavi zagrijte biljno ulje na srednje jakoj vatri.
e) U tavu dodajte nasjeckani luk, nasjeckani češnjak, nasjeckanu papriku i nasjeckanu jalapeno papričicu. Kuhajte dok ne omekša.
f) Umiješajte rajčled narezane na kockled, crni grah, mljeveni kim, sol i papar. Pirjajte 5-7 minuta.
g) U međuvremenu skuhajte jaja do željene spremnosti (pržena ili kajgana).
h) Za sastavljanje stavite pečenu kukuruznu tortilju na tanjur.
i) Na vrh stavite žlicu mješavine rajčled i graha, kuhanu mljevenu govedinu ili goveđi chorizo i kuhano jaje.
j) Pospite nasjeckanim sirom i ukrasite svježim listovima cilantra.
k) Poslužite s kriškama avokada i salsom sa strane po želji.
l) Uživajte u svojim izdašnim i ukusnim govedim jaja rancherosima!

2.Mini Javorove rolleds cimetom

SASTOJCI:
- 1 limenka (8 oz) ohlađenog tijesta za polumjesec
- 2 žlled maslaca, otopljenog
- 2 žlled javorovog sirupa
- 1/4 šalled smeđeg šećera
- 1 žličica mljevenog cimeta
- Glazura od krem sira (po želji)

UPUTE:
a) Zagrijte pećnicu na 375°F (190°C).
b) Razmotajte tijesto za polumjesečastu roladu na čistu površinu i spojite spojeve kako biste formirali pravokutnik.
c) U maloj posudi pomiješajte otopljeni maslac i javorov sirup.
d) Premažite površinu tijesta smjesom maslaca.
e) U drugoj zdjeli pomiješajte smeđi šećer i mljeveni cimet.
f) Po tijestu premazanom maslacem ravnomjerno pospite mješavinu cimet-šećera.
g) Počevši od jedne duge strane, zarolajte tijesto u cjepanicu.
h) Izrežite cjepanicu na male kolutiće, debljine oko 1 inča.
i) Stavite mini rolled s cimetom na pleh obložen papirom za pečenje.
j) Pecite 10-12 minuta, ili dok ne porumene i ne napuhnu.
k) Po želji: prelijte glazurom od krem sira prije posluživanja.
l) Uživajte u ukusnim mini kiflicama s javorovim cimetom kao slatkoj poslastici!

3. Pizze od kalupa za vafle

SASTOJCI:
- Smjesa za vafle (pripremite prema uputama na pakiranju)
- Umak za pizzu
- Naribani mozzarella sir
- Dodaci za pizzu po želji (feferoni, paprike, luk, šampinjoni i sl.)

UPUTE:
a) Zagrijte kalup za vafle i lagano ga namastite.
b) Pripremite smjesu za vafle prema uputama na pakiranju.
c) Ulijte dio tijesta za vafle na prethodno zagrijani kalup za vafle, prekrijte površinu, ali ne prelijevajte se.
d) Zatvorite kalup za vafle i kuhajte dok vafli ne porumene i ne budu kuhani.
e) Skuhanu vaflu pažljivo izvadite iz pegle i stavite je na lim za pečenje.
f) Pečeni vafel premažite umakom za pizzu.
g) Preko umaka pospite naribani sir mozzarella.
h) Dodajte svoje omiljene nadjeve za pizzu na vrh sira.
i) Pripremljene pizze s vaflima stavite u peku na nekoliko minuta, dok se sir ne otopi i postane mjehurić.
j) Izvadite iz pećnled i pustite da se malo ohladi prije posluživanja.
k) Narežite na kriške i uživajte u svojim pizzama u kalupu za vafle!

4.BLT klizači za vafle

SASTOJCI:
- Smjesa za vafle (pripremite prema uputama na pakiranju)
- Kriške slanine, kuhane dok ne postanu hrskave
- Listovi zelene salate
- Narezane rajčled
- Majoneza
- Čačkalled

UPUTE:
a) Zagrijte kalup za vafle i lagano ga namastite.
b) Pripremite smjesu za vafle prema uputama na pakiranju.
c) Ulijte tijesto za vafle na prethodno zagrijani pekač za vafle i pecite dok ne porumeni i postane hrskavo.
d) Kuhane vafle narežite na manje kvadrate ili pravokutnike koje ćete koristiti kao klizače.
e) Sastavite BLT klizače za vafle tako da stavite list zelene salate, narezanu rajčicu i krišku kuhane slanine na jedan kvadrat od vafla.
f) Drugi kvadrat od vafla premažite majonezom i stavite na slaninu.
g) Pričvrstite klizače čačkalicama da ih drže zajedno.
h) Ponovite s preostalim kvadratićima vafla i sastojcima da napravite više klizača.
i) Poslužite odmah i uživajte u svojim ukusnim BLT slajderima za vafle!

5.Kamion s hranom Beefy Jaja Rancheros

SASTOJCI:
- 4 kukuruzne tortilje
- 1 žlica biljnog ulja
- 1 glavica luka nasjeckana
- 2 češnja češnjaka, mljevena
- 1 paprika, nasjeckana
- 1 jalapeno papričica, očišćena od sjemenki i nasjeckana
- 1 limenka (14 oz) rajčled narezane na kockled
- 1 limenka (14 oz) crnog graha, ocijeđenog i ispranog
- 1 žličica mljevenog kima
- Posolite i popaprite po ukusu
- 4 jaja
- Kuhana mljevena junetina ili goveđi chorizo
- Naribani sir (cheddar ili Monterey Jack)
- Svježi listovi cilantra za ukras
- Kriške avokada za posluživanje (po želji)
- Salsa za posluživanje (po želji)

UPUTE:
a) Zagrijte pećnicu na 350°F (175°C).
b) Premažite obje strane kukuruznih tortilja biljnim uljem i stavite ih na lim za pečenje.
c) Pecite u prethodno zagrijanoj pećnici 5-7 minuta, ili dok ne postane hrskavo i lagano smeđe.
d) U tavi zagrijte biljno ulje na srednje jakoj vatri.
e) U tavu dodajte nasjeckani luk, nasjeckani češnjak, nasjeckanu papriku i nasjeckanu jalapeno papričicu. Kuhajte dok ne omekša.
f) Umiješajte rajčled narezane na kockled, crni grah, mljeveni kim, sol i papar. Pirjajte 5-7 minuta.
g) U međuvremenu skuhajte jaja do željene spremnosti (pržena ili kajgana).
h) Za sastavljanje stavite pečenu kukuruznu tortilju na tanjur.
i) Na vrh stavite žlicu mješavine rajčled i graha, kuhanu mljevenu govedinu ili goveđi chorizo i kuhano jaje.
j) Pospite nasjeckanim sirom i ukrasite svježim listovima cilantra.
k) Poslužite s kriškama avokada i salsom sa strane po želji.
l) Uživajte u svojim izdašnim i ukusnim govedim jaja rancherosima!

6. Zalogaji za doručak s cimetom

SASTOJCI:
- 1 list lisnatog tijesta, odmrznut
- 2 žlled maslaca, otopljenog
- 1/4 šalled granuliranog šećera
- 1 žlica mljevenog cimeta

UPUTE:
a) Zagrijte pećnicu na 375°F (190°C) i obložite lim za pečenje papirom za pečenje.
b) U maloj posudi pomiješajte granulirani šećer i mljeveni cimet.
c) Odmrznuto lisnato tijesto razvaljajte na lagano pobrašnjenoj površini.
d) Površinu lisnatog tijesta premažite otopljenim maslacem.
e) Mješavinu cimeta i šećera ravnomjerno pospite po lisnatom tijestu premazanom maslacem.
f) Rezačem za pizzu ili nožem izrežite lisnato tijesto na male kvadrate ili pravokutnike.
g) Premjestite kvadrate lisnatog tijesta obložene cimetom i šećerom na pripremljeni lim za pečenje.
h) Pecite u prethodno zagrijanoj pećnici 10-12 minuta, ili dok ne nabubri i ne porumeni.
i) Izvadite iz pećnled i pustite da se malo ohladi prije posluživanja.
j) Poslužite svoje zalogaje za doručak s cimetom tople i uživajte!

7.Omlet od kamenica

SASTOJCI:
- 1 tucet malih kamenica, oljuštenih, oko 10-12 unci
- 2 razmućena jaja
- 2 žlled brašna od batata
- 1/4 šalled vode
- Sitno sjeckani cilantro i zeleni luk
- Sol papar
- 2 žlled masti ili ulja za prženje

UPUTE:
a) U velikoj zdjeli izradite rijetku smjesu od brašna od batata i vode. Provjerite je li brašno potpuno otopljeno.
b) Zagrijte tavu do dimljenja. Površinu tepsije premažite mašću ili uljem.
c) Ulijte tijesto od batata. Kad je gotovo potpuno stvrdnuto, ali još mokro odozgo, ulijte jaja razmućena sa soli i paprom.
d) Kada donja strana omleta sa škrobnom koricom postane zlatna, a razmućeno jaje napola stvrdnuto, lopaticom izlomite omlet na komade. Gurnite ih na jednu stranu.
e) Dodajte kamenled, zeleni luk i cilantro i miješajući pržite 1/2 minute. Savijte i prelijte jajetom.
f) Poslužite s ljutim umakom ili slatkim čili umakom (tian la jiang) po izboru.

8.briselski vafli

SASTOJCI:
- 2 šalled višenamjenskog brašna
- 2 žlled. granulirani šećer
- 2 žličled prašak za pecivo
- 1/2 žličled sol
- 4 velika jaja, odvojena
- 1 1/2 šalled mlijeka
- 1/2 šalled neslanog maslaca, otopljenog
- 1 žličica ekstrakt vanilije

UPUTE:
a) U posudi za miješanje pomiješajte brašno, šećer, prašak za pecivo i sol.
b) U posebnoj zdjeli pjenasto izmiješajte žumanjke, mlijeko, otopljeni maslac i ekstrakt vanilije.
c) Ulijte mokre sastojke u suhe sastojke i miješajte dok se ne sjedine. Nemojte previše miješati; neke grudled su u redu.
d) U drugoj zdjeli tucite bjelanjke dok se ne stvore čvrsti snijeg.
e) Nježno umiješajte tučene bjelanjke u tijesto dok se dobro ne sjedine.
f) Prethodno zagrijte pekač za vafle prema uputama .
g) Namažite kalup za vafle sprejom za kuhanje ili otopljenim maslacem.
h) Izlijte tijesto na prethodno zagrijani kalup za vafle, koristeći preporučenu količinu prema veličini kalupa.
i) Zatvorite poklopac i kuhajte dok vafli ne porumene i postanu hrskavi.
j) Izvadite vafle iz pegle i ponovite s preostalim tijestom.
k) Poslužite vafle tople s omiljenim dodacima, poput svježeg bobičastog voća, šlaga, javorovog sirupa ili čokoladnog umaka.

9. Liege vafli

SASTOJCI:
- 2 1/4 šalled višenamjenskog brašna
- 2 žičled instant kvasac
- 1/2 žičled sol
- 3/4 šalled mlakog mlijeka
- 2 velika jaja
- 1 žličica ekstrakt vanilije
- 1 šalica neslanog maslaca, omekšalog
- 1 šalica bisernog šećera (ili mljevene kocke šećera)

UPUTE:
a) U velikoj zdjeli za miješanje pomiješajte brašno, instant kvasac i sol.
b) U posebnoj posudi umutite mlako mlijeko, jaja i ekstrakt vanilije.
c) Ulijte mokre sastojke u suhe sastojke i miješajte dok se dobro ne sjedine.
d) Dodajte omekšali maslac u tijesto i mijesite ga dok se potpuno ne sjedini.
e) Tijesto će biti ljepljivo.
f) Pokrijte zdjelu plastičnom folijom i ostavite da se tijesto diže oko 1 sat ili dok se ne udvostruči.
g) Nakon što se tijesto diglo, lagano umiješajte biserni šećer.
h) Zagrijte pekač za vafle prema uputama.
i) Namažite kalup za vafle sprejom za kuhanje ili otopljenim maslacem.
j) Uzmite dio tijesta, otprilike veličine dlana, i oblikujte ga u kuglu. Stavite kuglicu na prethodno zagrijani kalup za vafle.
k) Zatvorite poklopac i kuhajte vafle oko 3-5 minuta ili dok ne porumene i karameliziraju se.
l) Izvadite vafle iz pegle i ponovite s preostalim tijestom.
m) Poslužite Liege vafle tople kakve jesu ili s vašim omiljenim dodacima, poput šlaga, čokoladnog namaza ili voćnog kompota.

GLICASE I PREDJELA

10. Tostirani ravioli iz kamiona hrane

SASTOJCI:
- 1 paket (oko 24 unce) smrznutih raviola sa sirom
- 2 šalled krušnih mrvica na talijanski način
- 1 šalica ribanog parmezana
- 2 jaja, istučena
- 1/4 šalled mlijeka
- Biljno ulje, za prženje
- Marinara umak, za umakanje

UPUTE:
a) Smrznute raviole skuhajte prema uputama na pakiranju, zatim ih ocijedite i ostavite sa strane da se malo ohlade.
b) U plitkoj posudi pomiješajte krušne mrvled na talijanski način i naribani parmezan.
c) U drugoj plitkoj posudi umutite jaja i mlijeko da dobijete smjesu od jaja.
d) Umočite svaki raviol u smjesu od jaja, a zatim ga ravnomjerno premažite smjesom od krušnih mrvica.
e) Zagrijte oko 1 inč biljnog ulja u dubokoj tavi ili loncu na 350°F (175°C).
f) Pažljivo stavite pohane raviole u vruće ulje, radeći u serijama kako ne biste pretrpali tavu.
g) Pržite raviole 2-3 minute sa svake strane ili dok ne porumene i postanu hrskavi.
h) Pečene raviole izvadite iz ulja šupljikavom žlicom i ocijedite ih na papirnatim ručnicima.
i) Tostirane raviole poslužite tople s marinara umakom za umakanje.
j) Uživajte u ovim hrskavim i ukusnim predjelima kao savršenom međuobroku ili predjelo!

11.Kamion s hranom Kukuruz Psi

SASTOJCI:
- 1 šalica kukuruznog brašna
- 1 šalica višenamjenskog brašna
- 1/4 šalled granuliranog šećera
- 1 žlica praška za pecivo
- 1/2 žličled soli
- 1 jaje
- 1 šalica mlijeka
- 8 hrenovki
- Biljno ulje, za prženje

UPUTE:
a) U zdjeli pomiješajte kukuruznu krupicu, brašno, šećer, prašak za pecivo i sol.
b) U drugoj posudi umutite jaje i mlijeko.
c) Postupno dodajte mokre sastojke suhim sastojcima, miješajući dok smjesa ne postane glatka.
d) U hrenovke zabodite drvene ražnjiće.
e) Zagrijte biljno ulje u dubokoj tavi ili loncu na 350°F (175°C).
f) Umočite svaku hrenovku u tijesto, ravnomjerno premažući.
g) Premazane hrenovke pažljivo stavite u vruće ulje i pržite dok ne porumene, oko 3-4 minute.
h) Kukuruz psi izvadite iz ulja i ocijedite na papirnatim ručnicima.
i) Poslužite s omiljenim začinima i uživajte u ovim klasičnim kukuruz psi!

12. Egzotična pileća krilca s pet začina

SASTOJCI:
- 2 lbs pilećih krilaca
- 2 žlled soja umaka
- 2 žlled meda
- 1 žlica sezamovog ulja
- 1 žličica kineskog praha od pet začina
- 2 češnja češnjaka, mljevena
- 1 žlica naribanog đumbira
- Posolite i popaprite po ukusu
- Sjemenke sezama i nasjeckani mladi luk za ukras

UPUTE:
a) Zagrijte pećnicu na 400°F (200°C) i obložite lim za pečenje papirom za pečenje.
b) U zdjeli pomiješajte sojin umak, med, sezamovo ulje, kineski prah od pet začina, mljeveni češnjak, naribani đumbir, sol i papar.
c) Stavite pileća krilca u veliku plastičnu vrećicu ili zdjelu koja se može zatvoriti.
d) Prelijte marinadu preko pilećih krilaca, pazeći da su ravnomjerno obložena. Marinirajte u hladnjaku najmanje 30 minuta ili preko noći za najbolje rezultate.
e) Stavite marinirana pileća krilca na pripremljeni lim za pečenje u jednom sloju.
f) Pecite u prethodno zagrijanoj pećnici 35-40 minuta, okrećući na pola pečenja, dok se krilca ne ispeku i porumene.
g) Kad je kuhano, pospite sjemenkama sezama i nasjeckanim mladim lukom za ukras.
h) Poslužite vruće i uživajte u egzotičnim pilećim krilcima s pet začina!

13. Novi Orleans Beignets

SASTOJCI:
- 1 šalica vode
- 1/2 šalled neslanog maslaca
- 1/4 šalled granuliranog šećera
- 1/2 žličled soli
- 1 šalica višenamjenskog brašna
- 4 velika jaja
- Biljno ulje za prženje
- Šećer u prahu za poslpanje

UPUTE:
a) U loncu pomiješajte vodu, maslac, šećer i sol. Zakuhajte na srednjoj vatri.
b) Smanjite vatru i miješajte brašno dok se smjesa ne oblikuje u kuglu.
c) Maknite s vatre i ostavite da se ohladi 5 minuta.
d) Tucite jaja jedno po jedno dok smjesa ne bude glatka i dobro spojena.
e) Zagrijte biljno ulje u fritezi ili velikom loncu na 375°F (190°C).
f) U zagrijano ulje ubacivati žličnjake tijesta i pržiti dok ne porumeni, oko 2-3 minute sa strane.
g) Izvadite iz ulja i ocijedite na papirnatim ubrusima.
h) Još tople pospite šećerom u prahu.
i) Poslužite vruće i uživajte u ovim divnim beignetima iz Novi Orleansa!

14. Tostirani meksički ravioli

SASTOJCI:
- Ravioli iz trgovine (nadjev od sira ili govedine)
- 2 šalled krušnih mrvica
- 2 jaja, istučena
- 1 žličica čilija u prahu
- 1/2 žličled kumina
- Biljno ulje za prženje
- Salsa za umakanje

UPUTE:
a) Skuhajte raviole prema uputama na pakiranju, zatim ih ocijedite i ostavite da se malo ohlade.
b) U plitkoj posudi pomiješajte krušne mrvled, čili u prahu i kumin.
c) Svaki kuhani raviole umočite u umućena jaja, pa premažite smjesom od krušnih mrvica.
d) Zagrijte biljno ulje u tavi na srednje jakoj vatri.
e) Pohane raviole pržite na zagrijanom ulju dok ne porumene i postanu hrskavi s obje strane, oko 2-3 minute po strani.
f) Izvadite iz ulja i ocijedite na papirnatim ubrusima.
g) Poslužite tostirane meksičke raviole vruće sa salsom za umakanje.
h) Uživajte u svojim hrskavim i ukusnim tostiranim meksičkim raviolima!

15. Napunjene šalled za vučenu svinjetinu

SASTOJCI:
- 1 lb vučene svinjetine
- 12 malih kukuruznih tortilja
- 1 šalica nasjeckanog cheddar sira
- 1/2 šalled rajčled narezane na kockled
- 1/4 šalled crvenog luka nasjeckanog na kockled
- 1/4 šalled nasjeckanog cilantra
- BBQ umak za podlijevanje

UPUTE:
a) Zagrijte pećnicu na 375°F (190°C).
b) Utisnite svaku kukuruznu tortilju u kalupe za muffine, oblikujući oblik šalled.
c) Pecite tortilje 10-12 minuta, odnosno dok ne postanu hrskave.
d) Svaku šalicu za tortilje napunite vučenom svinjetinom.
e) Povrh stavite naribani sir cheddar, rajčled narezane na kockled, crveni luk i nasjeckani cilantro.
f) Prelijte BBQ umakom.
g) Pecite dodatnih 5 minuta ili dok se sir ne otopi i postane mjehurić.
h) Izvadite iz pećnled i pustite da se malo ohladi prije posluživanja.
i) Uživajte u ovim ukusnim i punim šalicama od svinjskog mesa kao ukusnom međuobroku ili predjelu!

16. Banh Mi ražnjići

SASTOJCI:
- 1 lb pilećih bataka bez kostiju i kože, narezanih na kockled
- 1/4 šalled soja umaka
- 2 žlled ribljeg umaka
- 2 žlled meda
- 2 češnja češnjaka, mljevena
- 1 žličica naribanog đumbira
- Drveni ražnjići, natopljeni vodom
- Narezani krastavci
- Ukiseljena mrkva i daikon
- Svježi listovi cilantra
- Narezani jalapenos
- Baguette ili francuski kruh, narezan

UPUTE:
a) U zdjeli pomiješajte sojin umak, riblji umak, med, mljeveni češnjak i naribani đumbir kako biste napravili marinadu.
b) U marinadu dodajte pileće batake narezane na kocke i promiješajte. Ostavite da se marinira najmanje 30 minuta.
c) Na namočene drvene ražnjiće nanizati mariniranu piletinu.
d) Prethodno zagrijte roštilj ili tavu na srednje jakoj vatri.
e) Pecite pileće ražnjiće 3-4 minute sa svake strane ili dok se ne ispeku i malo pougljene.
f) Sastavite banh mi ražnjiće tako da na svaki ražnjić stavite narezane krastavce, ukiseljenu mrkvu i daikon, svježe listove cilantra i narezane jalapeno.
g) Ražnjiće poslužite s narezanim baguetteom ili francuskim kruhom.
h) Uživajte u svojim ukusnim banh mi ražnjićima kao ukusnom predjelu ili glavnom jelu!

17. Proljetne rolled od svinjetine i povrća

SASTOJCI:
- Omot proljetne rolled (dostupan u azijskim trgovinama)
- Kuhana svinjetina, isjeckana ili tanko narezana
- Tanki rižini rezanci, kuhani prema uputama na pakiranju
- Narezana zelena salata
- Naribana mrkva
- Krastavac, julienned
- Listovi svježe metvled
- Svježi listovi cilantra
- Soja umak ili hoisin umak, za umakanje

UPUTE:
a) Pripremite čistu radnu površinu i zdjelu tople vode.
b) Umočite omot proljetne rolled u toplu vodu na nekoliko sekundi dok ne postane savitljiva.
c) Omekšali omot stavite na radnu površinu.
d) Složite kuhanu svinjetinu, rižine rezance, narezanu zelenu salatu, narezanu mrkvu, juliened krastavce, listove mente i listove cilantra u sredini omota.
e) Presavijte strane omota preko nadjeva, zatim čvrsto zarolajte da obuhvatite nadjev.
f) Ponovite s preostalim sastojcima da napravite još proljetnih rolica.
g) Poslužite proljetne rolled od svinjetine i povrća s umakom od soje ili hoisin umakom za umakanje.
h) Uživajte u svježim i ukusnim proljetnim rolicama!

18.Buffalo pileća krilca

SASTOJCI:
- 2 lbs pilećih krilaca
- 1/2 šalled ljutog umaka (kao što je Frank's RedHot)
- 1/4 šalled neslanog maslaca, otopljenog
- 1 žlica bijelog octa
- 1/2 žličled Worcestershire umaka
- Štapići celera
- Ranch ili preljev od plavog sira za umakanje

UPUTE:
a) Zagrijte pećnicu na 400°F (200°C).
b) Lim za pečenje obložite papirom za pečenje.
c) U zdjeli pomiješajte ljuti umak, otopljeni maslac, ocat i Worcestershire umak kako biste dobili bivolji umak.
d) Stavite pileća krilca na pripremljeni lim za pečenje i pecite ih 45-50 minuta, okrećući ih na pola vremena, dok ne postanu hrskava i pečena.
e) Nakon što su krilca pečena, prebacite ih u veliku zdjelu i prelijte umakom od bizona dok se ne ujednače.
f) Poslužite krilca bizona topla sa štapićima celera i preljevom od ranča ili plavog sira za umakanje.
g) Uživajte u ukusnim buffalo pilećim krilcima!

19. Kamion s hranom Samosa

SASTOJCI:
- 2 šalled višenamjenskog brašna
- 1/4 šalled biljnog ulja
- 1/2 žličled soli
- Voda (za tijesto)
- 2 šalled pire krumpira
- 1 šalica smrznutog graška, odmrznutog
- 1 glavica luka sitno nasjeckana
- 2 češnja češnjaka, mljevena
- 1 žlica curry praha
- 1 žličica mljevenog kima
- 1 žličica mljevenog korijandera
- Posolite i popaprite po ukusu
- Biljno ulje za prženje

UPUTE:
a) U velikoj zdjeli pomiješajte brašno, biljno ulje i sol. Postupno dodajte vodu i mijesite dok se ne formira glatko tijesto. Pokriti vlažnom krpom i ostaviti da odstoji 30 minuta.
b) U posebnoj zdjeli pomiješajte pire krumpir i grašak.
c) U tavi zagrijte malo biljnog ulja na srednje jakoj vatri. Dodajte nasjeckani luk i češnjak, te pirjajte dok ne omekšaju.
d) Umiješajte curry u prahu, mljeveni kumin, mljeveni korijander, sol i papar. Kuhajte još minutu.
e) Dodajte smjesu luka u pire krumpir i grašak, te dobro promiješajte.
f) Tijesto podijelite na male loptled. Svaku lopticu razvaljajte u tanki krug.
g) Svaki krug prerežite na pola tako da napravite polukrugove.
h) Na polovicu svakog polukruga staviti žlicu nadjeva od krumpira.
i) Drugu polovicu tijesta preklopite preko nadjeva da dobijete trokut. Pritisnite rubove za zatvaranje.
j) Zagrijte biljno ulje u fritezi ili velikoj tavi na srednje jakoj vatri. Pržite samose u serijama dok ne porumene i postanu hrskave, oko 3-4 minute po strani.
k) Izvadite iz ulja i ocijedite na papirnatim ubrusima.
l) Poslužite vruće uz ajvar ili umak za umakanje po izboru. Uživajte u domaćim samosama!

20. Buffalo makaroni i zalogaji sira

SASTOJCI:
- 1 lb laktanih makarona, kuhanih i ocijeđenih
- 2 šalled nasjeckanog cheddar sira
- 1/2 šalled mlijeka
- 1/4 šalled maslaca
- 2 žlled višenamjenskog brašna
- 1/4 šalled ljutog umaka (kao što je Frank's RedHot)
- 2 jaja, istučena
- 1 šalica krušnih mrvica
- Biljno ulje za prženje
- Ranch ili preljev od plavog sira za umakanje

UPUTE:
a) U loncu rastopite maslac na srednje jakoj vatri. Umiješajte brašno da napravite zapršku i kuhajte 1-2 minute.
b) Postupno umiješajte mlijeko dok ne postane glatko. Kuhajte dok se ne zgusne, oko 5 minuta uz stalno miješanje.
c) Maknite s vatre i umiješajte nasjeckani cheddar sir dok se ne otopi i postane glatka.
d) Umiješajte vrući umak dok se dobro ne sjedini.
e) U velikoj zdjeli pomiješajte kuhane makarone s umakom od sira i miješajte dok se ne ujednači.
f) Premjestite smjesu makarona i sira u posudu za pečenje i stavite u hladnjak dok se ne stegne, oko 1 sat.
g) Kada su makaroni i sir čvrsti, malom žličicom za kekse oblikujte kuglled.
h) Svaku lopticu umočiti u razmućena jaja, pa premazati prezlama.
i) Zagrijte biljno ulje u fritezi ili velikom loncu na 350°F (175°C).
j) Kuglled od makarona i sira pržite na zagrijanom ulju dok ne porumene i postanu hrskave, oko 2-3 minute.
k) Izvadite iz ulja i ocijedite na papirnatim ubrusima.
l) Poslužite zalogaje buffalo makarona i sira vruće s preljevom od ranča ili plavog sira za umakanje.
m) Uživajte u svojim ukusnim i hrskavim zalogajima bivoljih makarona i sira!

21.Kamion s hranom Svinjetina Satay

SASTOJCI:
- 1 lb svinjskog fileta, narezanog na tanke trakled
- 1/4 šalled soja umaka
- 2 žlled smeđeg šećera
- 2 češnja češnjaka, mljevena
- 1 žlica naribanog đumbira
- 1 žlica soka od limete
- Drveni ražnjići, natopljeni vodom

UPUTE:
a) U zdjeli pomiješajte sojin umak, smeđi šećer, mljeveni češnjak, naribani đumbir i sok od limete kako biste napravili marinadu.
b) Dodajte svinjske trakled u marinadu i promiješajte da se premazuju. Ostavite da se marinira najmanje 30 minuta.
c) Prethodno zagrijte roštilj ili tavu na srednje jakoj vatri.
d) Marinirane svinjske trakled nanizati na namočene drvene ražnjiće.
e) Svinjske satay ražnjiće pecite na roštilju 3-4 minute sa svake strane ili dok se ne ispeku i malo pougljenje.
f) Poslužite svinjski saty vruć s omiljenim umakom za umakanje, poput umaka od kikirikija ili slatkog čili umaka.
g) Uživajte u svom ukusnom svinjskom satayu!

22.Jalapeno Popper meksički ulični kukuruz

SASTOJCI:
- 4 klasja kukuruza, oljuštena
- 1/4 šalled majoneze
- 1/4 šalled kiselog vrhnja
- 1/2 šalled ribanog parmezana
- 2 jalapeno paprike, očišćene od sjemenki i narezane na kockled
- 2 žlled nasjeckanog svježeg cilantra
- 1 žlica soka od limete
- Posolite i popaprite po ukusu
- Čili u prahu (po želji)

UPUTE:
a) Prethodno zagrijte roštilj na srednje jaku temperaturu.
b) Pecite kukuruz na žaru, povremeno ga okrećući, dok lagano ne pougljeni sa svih strana, oko 8-10 minuta.
c) U zdjeli pomiješajte majonezu, kiselo vrhnje, parmezan, jalapeno paprike narezane na kockled, nasjeckani cilantro, sok limete, sol i papar.
d) Kukuruz na žaru premažite smjesom majoneze i ravnomjerno premažite.
e) Po želji pospite čilijem u prahu.
f) Poslužite odmah i uživajte u svom ukusnom jalapeno popper meksičkom uličnom kukuruzu!

23. Punjeni PB&J tost ćevapi

SASTOJCI:
- Debele kriške kruha (kao što su brioš ili kala)
- Maslac od kikirikija
- Žele ili džem po izboru
- jaja
- Mlijeko
- cimet (po želji)
- Maslac ili ulje za prženje
- Svježe voće (kao što su jagode ili banane), za sastavljanje ćevapa
- Javorov sirup, za posluživanje

UPUTE:
a) Jednu krišku kruha namažite maslacem od kikirikija, a drugu krišku želeom ili pekmezom. Pritisnite kriške zajedno kako biste oblikovali sendvič.
b) Sendvič narežite na komade veličine zalogaja.
c) U plitkoj posudi umutite jaja, mlijeko i cimet (ako koristite) da napravite tijesto za tost.
d) Umočite svaki zalogaj sendviča u tijesto za francuski tost, pazeći da je premazano sa svih strana.
e) Zagrijte maslac ili ulje u tavi na srednje jakoj vatri.
f) Pržite zalogaje francuskog tosta dok ne porumene i budu kuhani, preokrećući ih na pola kuhanja.
g) Kad je pečeno, izvadite ga iz tave i ostavite da se malo ohladi.
h) Nanižite zalogaje francuskog tosta i svježe voće na ražnjiće kako biste napravili ćevape.
i) Poslužite punjene PB&J tost ćevape s javorovim sirupom za umakanje.
j) Uživajte u zabavnom i ukusnom ćevapu za doručak!

24.Čokoladled pržene u dubokom ulju na štapiću

SASTOJCI:
- Razni slatkiši (Snickers, Milky Way, Twix, itd.)
- Drveni ražnjići
- 1 šalica višenamjenskog brašna
- 1/2 šalled kukuruznog škroba
- 1 žličica praška za pecivo
- 1/4 žličled soli
- 1 šalica hladne vode
- Biljno ulje za prženje
- Šećer u prahu za posipanje (po želji)

UPUTE:
a) Umetnite drvene ražnjiće u bombone, ostavljajući dovoljno prostora za držanje štapića.
b) U zdjeli pomiješajte brašno, kukuruzni škrob, prašak za pecivo, sol i hladnu vodu da napravite tijesto.
c) Zagrijte biljno ulje u fritezi ili velikom loncu na 375°F (190°C).
d) Svaku čokoladicu na štapiću umočite u tijesto, pazeći da je ravnomjerno obložena.
e) Obložene bombone pažljivo stavite u vruće ulje i pržite dok ne porumene, oko 2-3 minute.
f) Izvadite iz ulja i ocijedite na papirnatim ubrusima.
g) Po želji posuti šećerom u prahu.
h) Poslužite vruće i uživajte u ovim slatkim duboko prženim slatkišima na štapiću!

25.Felafel

SASTOJCI:

- kuhanog sušenog slanutka
- 1 češanj češnjaka, lagano zgnječen
- 1 srednja glavica luka, nasjeckana
- 1 žličica mljevenog korijandera
- 1 žličica mljevenog kima
- 1-1/2 žičled kajenskog papra u prahu
- 1/2 šalled nasjeckanog peršinovog lišća
- 1/2 žličled soli
- 1/2 žličled crnog papra
- Sok od 1 cijelog limuna, iscijeđen
- Canola ili kukuruzno ulje za prženje

UPUTE:

a) Stavite slanutak u zdjelu multipraktika. Dodajte preostale sastojke osim ulja. Pusirajte dok se ne nasjecka, ali ne postane pire, stružući stijenke zdjele prema dolje.

b) Dodajte vodu za namakanje ako je potrebno kako biste smjesu mogli oblikovati u kuglu—nemojte praviti kašastu pastu.

c) Stavite oko dva inča ulja u veliki, duboki lonac na dubinu od najmanje dva inča. Zagrijte ulje na oko 350°F.

d) Žlled tijesta oblikujte u obliku kuglica ili malih pljeskavica. Pržite u serijama dok ne porumene, okrećući po potrebi.

e) Vrijeme kuhanja bit će pet minuta. Poslužite vruće u pitta kruhu s nasjeckanim krastavcima i rajčicama te umakom od humusa.

26.Ćevapi od ovčetine

SASTOJCI:
- 3 kilograma janjetine
- 6 žlica soka od limuna
- 2 srednje glavled luka mljevene
- 3 žlled sitno nasjeckanog korijandera
- 1 žlica mljevenih sjemenki korijandera
- 3 češnja češnjaka sitno nasjeckana
- 1 žličica soli
- 1 žličica kajenskog papra

UPUTE:
a) Sve sastojke osim janjetine pomiješajte u staklenoj zdjeli i dobro promiješajte. Dodajte janjeće kocke i dobro promiješajte.
b) Ostavite smjesu da se ohladi u hladnjaku preko noći najmanje 12 sati uz povremeno miješanje. Ocijedite marinadu.
c) Meso lagano pospite solju i komade nataknite na metalni ražanj. Nemojte ih gomilati. Dijelovi se ne smiju dodirivati.
d) Pecite janjetinu na roštilju najmanje četiri inča od plamena 7-12 minuta, ovisno o tome koliko rijetko meso volite. Pospite solju i kajenskom paprikom po ukusu.
e) Za ukras, marinirajte tanko narezan luk u plitkoj zdjeli bijelog octa.

27.Pakoras

SASTOJCI:
- 1 srednji patlidžan
- 7 unci brašna od slanutka
- 1 žličica soli
- 1/2 žličled čilija u prahu (ili po ukusu)
- 1/2 žličled mljevene kurkume
- 1 šalica hladne vode, više ili manje
- 1 šalica biljnog ulja za prženje

UPUTE:
a) Narežite povrće na kriške debljine otprilike 1/4 inča i promjera 2 inča i ostavite sa strane.
b) Pomiješajte brašno od slanutka, sol, čili u prahu i kurkumu u prahu u velikoj zdjeli. Umiješajte toliko vode da dobijete gustu smjesu.
c) Zagrijte ulje u woku ili dubokoj tavi dok se ne počne dimiti. Umiješajte kriške povrća u tijesto i ubacite ih u ulje jednu po jednu i pecite dok ne porumene (pazite da ne prskate tijesto jer može ostaviti trajnu mrlju)
d) Kuhano povrće izvadite šupljikavom žlicom i ocijedite od viška masnoće.
e) Poslužite vruće uz ajvar od rajčled ili kečap.

28.suvlaki

SASTOJCI:
- 1 funta svinjskog filea ili lopatled, izrezane na kockled od jednog inča

MARINADA
- 1 češanj češnjaka
- 1/4 šalled maslinovog ulja
- 1 žlica sušenog origana
- 1 lovorov list, izmrven
- 2 žlled soka od limuna
- 1/2 šalled crnog vina
- Posolite i popaprite po ukusu
- Drveni ražnjići, natopljeni nekoliko sati u vodi da ne izgore tijekom kuhanja.

UPUTE:
a) Zagrijte roštilj ili roštilj na najjaču.
b) Sve sastojke za marinadu pomiješajte u staklenoj zdjeli, prelijte preko mesa i dobro promiješajte. Pokrijte i stavite u hladnjak na nekoliko sati ili preko noći.
c) Meso nabodite na ražnjiće, tako da na svaki ražanj stavite pet-šest komada mesa. Smanjite vatru na srednju i kuhajte 10-15 minuta, okrećući ih s vremena na vrijeme kako biste bili sigurni da su dobro kuhane.
d) Poslužite s pita kruhom i tzatziki umakom .

29. Kroketi od krumpira

SASTOJCI:
- 2 funte (oko 1 kg) rumenih krumpira, oguljenih i narezanih na komade
- 2 žlled. Neslani maslac
- 1/2 šalled punomasnog mlijeka
- 2 žumanjka
- Sol i papar, po ukusu
- 1 šalica višenamjenskog brašna
- 2 jaja, istučena
- 2 šalled krušnih mrvica
- Biljno ulje, za prženje

UPUTE:
a) Oguljene i narezane krumpire stavite u veliki lonac posoljene vode. Zakuhajte vodu i kuhajte krumpire dok ne omekšaju, oko 15-20 minuta.
b) Kuhani krumpir ocijedite i vratite u lonac. U lonac dodajte maslac, mlijeko i žumanjke. Zgnječite krumpir i sve zajedno pomiješajte dok ne postane glatko i dobro sjedinjeno. Začinite solju i paprom po ukusu.
c) Rasporedite smjesu krumpira na lim obložen papirom za pečenje. Zagladite površinu i ostavite da se potpuno ohladi. Ohladite smjesu krumpira najmanje 1 sat ili dok ne postane čvrsta i laka za rukovanje.
d) Nakon što se smjesa krumpira ohladi i stegne, oblikujte je u cilindre ili duguljaste oblike, duge oko 2-3 inča.
e) Postavite stanicu za pohanje s tri plitke zdjele ili tanjura. U jednu stavite brašno, u drugu razmućena jaja, a u treću krušne mrvled.
f) Svaki valjčić od krumpira uvaljajte u brašno da se malo oblije, zatim umočite u razmućena jaja i na kraju ravnomjerno premažite prezlama. Ponavljajte ovaj postupak dok svi kroketi od krumpira ne budu pohani.
g) Zagrijte biljno ulje u dubokoj tavi ili fritezi na temperaturu od oko 350°F (175°C).
h) Pažljivo spuštajte pohane krokete od krumpira u vruće ulje, radeći u serijama kako ne biste pretrpali posudu. Pržite ih oko 4-5 minuta, odnosno dok ne postanu zlatno smeđe i hrskave. Koristite šupljikavu žlicu ili hvataljke da ih izvadite iz ulja i prebacite ih na tanjur obložen papirnatim ručnikom da se ocijedi višak ulja.
i) Ponavljajte postupak prženja dok svi kroketi od krumpira ne budu kuhani.
j) Poslužite kao prilog ili predjelo. Dobro se slažu s umacima za umakanje poput majoneze, kečapa ili aiolija.

30.Fricadelles

SASTOJCI:
- 1 funta mljevene govedine
- 1 funta mljevene svinjetine
- 1 glavica luka sitno nasjeckana
- 2 češnja češnjaka, mljevena
- 1/4 šalled krušnih mrvica
- 2 žlled. svježi peršin, nasjeckani
- 1 žličica mljeveni muškatni oraščić
- 1 žličica mljevena paprika
- 1 žličica sol
- 1/2 žličled crni papar
- 2 jaja
- Biljno ulje, za prženje

UPUTE:
a) U velikoj zdjeli za miješanje pomiješajte mljevenu junetinu i mljevenu svinjetinu.
b) Smjesi s mesom dodajte nasjeckani luk, nasjeckani češnjak, krušne mrvled, svježi peršin, mljeveni muškatni oraščić, mljevenu papriku, sol i crni papar.
c) Dobro izmiješajte dok se svi sastojci ravnomjerno ne sjedine.
d) Razbijte jaja u zdjelu i ponovno miksajte dok se jaja potpuno ne uklope u mesnu smjesu.
e) Mesnu smjesu oblikujte u male oblike poput kobasica, oko 3-4 inča duge i 1 inč debele.
f) Zagrijte biljno ulje u velikoj tavi ili tavi na srednje jakoj vatri.
g) Pažljivo stavite fricadelle u vruće ulje, pazeći da ne pretrpate posudu. Po potrebi ih pržite u serijama.
h) Pecite fricadelle oko 4-5 minuta sa svake strane ili dok ne porumene i budu kuhane.
i) Kad su pečene, fricadelle prebacite na tanjur obložen papirnatim ručnicima da upiju višak ulja.
j) Poslužite fricadelle vruće kao glavno jelo ili kao užinu u uličnoj hrani. U njima se može uživati samostalno ili poslužiti s krumpirićima, umakom za umakanje ili u žemlici kao sendvič.

SENDVIČI, I PLJESKAVLED

31.Kamion s hranom Sloppy Joe Psi

SASTOJCI:
- 8 peciva za hrenovke
- 8 hrenovki
- 1 funta mljevene govedine
- 1 luk, narezan na kockled
- 1 paprika, narezana na kockled
- 1 šalica kečapa
- 2 žlled smeđeg šećera
- 1 žlica Worcestershire umaka
- Posolite i popaprite po ukusu

UPUTE:
a) U velikoj tavi na srednjoj vatri kuhajte mljevenu govedinu dok ne porumeni, lomeći je žlicom dok se kuha.
b) U tavu dodajte luk i papriku nasjeckanu na kockled i kuhajte dok ne omekšaju.
c) Umiješajte kečap, smeđi šećer, Worcestershire umak, sol i papar. Kuhajte 10 minuta uz povremeno miješanje.
d) Dok se smjesa sloppy joe krčka, pecite hrenovke na roštilju ili zagrijte prema uputama na pakiranju.
e) Stavite hrenovku u svaku lepinju, a zatim prelijte velikom količinom smjese za sloppy joe.
f) Poslužite odmah i uživajte u neurednim, ukusnim sloppy joe psima!

32.Sendviči s bosiljkom i piletinom

SASTOJCI:
- 2 pileća prsa bez kože i kostiju
- Posolite i popaprite po ukusu
- Maslinovo ulje
- 4 ciabatta kiflled ili peciva za sendviče
- Pesto umak
- Listovi svježeg bosiljka
- Narezane rajčled
- Narezan mozzarella sir

UPUTE:
a) Pileća prsa posolite i popaprite.
b) Zagrijte roštilj ili gril tavu na srednje jakoj vatri.
c) Premažite pileća prsa maslinovim uljem.
d) Pecite piletinu na roštilju 6-8 minuta sa svake strane ili dok se ne skuha i ne postane ružičasta u sredini.
e) Pečena pileća prsa narežite na tanke trakled.
f) Ciabatta rolled ili peciva za sendviče razdvojite i donje polovled premažite pesto umakom.
g) Na pesto poslažite listove svježeg bosiljka, narezane rajčled, trakled pečene piletine i narezani mozzarella sir.
h) Odozgo staviti ostale polovled rolata i oblikovati sendviče.
i) Poslužite odmah i uživajte u sendvičima s bosiljkom i piletinom!

33. Piletina i karamelizirani sir na žaru od luka

SASTOJCI:
- Kriške kruha (hljeb po vašem izboru)
- Kuhana pileća prsa, narezana ili nasjeckana
- Karamelizirani luk (narezani luk kuhan dok ne porumeni i karameliziran)
- Narezani sir (cheddar, švicarski ili vaš omiljeni sir za topljenje)
- Maslac ili margarin, omekšao

UPUTE:
a) Zagrijte tavu ili rešetku na srednje jakoj vatri.
b) Premažite maslacem jednu stranu svake kriške kruha.
c) Na tavu stavite krišku kruha s maslacem prema dolje.
d) Položite kuhana pileća prsa, karamelizirani luk i narezani sir na vrh kriške kruha.
e) Stavite drugu krišku kruha, maslacem prema gore, na vrh kako biste oblikovali sendvič.
f) Kuhajte dok donja kriška kruha ne porumeni i postane hrskava, a sir se otopi.
g) Pažljivo okrenite sendvič i pecite dok druga strana ne porumeni i postane hrskava.
h) Izvadite iz tave i pustite da se malo ohladi prije rezanja.
i) Poslužite svoju piletinu i karamelizirani sir na žaru vruću i uživajte u gnjecavoj dobroti!

34. Sendviči sa šunkom i jajima bez sira

SASTOJCI:
- 4 engleska muffina, podijeljena i tostirana
- 4 jaja
- 4 kriške šunke
- 4 kriške sira (cheddar, švicarski ili po izboru)
- Maslac
- Posolite i popaprite po ukusu

UPUTE:
a) U tavi na srednjoj vatri otopite malo maslaca.
b) Razbijte jaja u tavu i kuhajte do željene spremnosti (pržena, kajgana ili poširana).
c) Začinite jaja solju i paprom.
d) U međuvremenu zagrijte kriške šunke u tavi dok se ne zagriju.
e) Na svaku krišku šunke stavite krišku sira i pustite da se otopi.
f) Za sastavljanje sendviča, stavite krišku šunke s topljenim sirom na donju polovicu svakog engleskog muffina.
g) Na vrh stavite kuhano jaje i drugu polovicu engleskog muffina.
h) Poslužite vruće i uživajte u sendvičima sa šunkom i jajima od sira!

35. Domaći Sloppy Joes

SASTOJCI:
- 1 lb mljevene govedine
- 1 glavica luka, narezana na kockled
- 1 paprika, narezana na kockled
- 2 češnja češnjaka, mljevena
- 1 šalica kečapa
- 2 žlled smeđeg šećera
- 1 žlica Worcestershire umaka
- 1 žlica senfa
- Posolite i popaprite po ukusu
- Peciva za hamburger

UPUTE:
a) U tavi na srednje jakoj vatri kuhajte mljevenu govedinu dok ne porumeni.
b) Dodajte na kockled luk, papriku i nasjeckani češnjak u tavu i kuhajte dok ne omekša.
c) Umiješajte kečap, smeđi šećer, Worcestershire umak i senf.
d) Začinite solju i paprom po ukusu.
e) Smjesu kuhajte 10-15 minuta uz povremeno miješanje dok se ne zgusne.
f) Po želji tostirajte peciva za hamburger.
g) Žlicom stavljajte domaću sloppy joe smjesu na donje polovled peciva.
h) Odozgo stavite ostale polovled kiflica.
i) Poslužite vruće i uživajte u ukusnim domaćim slatkastim poslasticama!

36. Falafel pileći hamburgeri s umakom od limuna

SASTOJCI:
ZA FALAFEL PILEĆE PLJESKAVLED:
- Mljevena piletina
- Falafel mix
- Maslinovo ulje
- Burger lepinje
- Listovi zelene salate
- Narezane rajčled
- Narezani crveni luk
- Tzatziki umak ili humus (po želji)

UMAK OD LIMUNA:
- 1/2 šalled grčkog jogurta
- 2 žlled svježeg soka od limuna
- 1 žlica nasjeckanog svježeg peršina
- Posolite i popaprite po ukusu

UPUTE:
a) Prethodno zagrijte roštilj ili tavu na srednju temperaturu.
b) U zdjeli pomiješajte mljevenu piletinu i falafel mix dok se dobro ne sjedine.
c) Smjesu oblikujte u pljeskavled.
d) Pljeskavled premažite maslinovim uljem.
e) Pecite falafel hamburgere s piletinom 5-6 minuta sa svake strane ili dok ne budu pečeni.
f) U međuvremenu pripremite umak od limuna tako da u zdjeli pomiješate grčki jogurt, svježi limunov sok, nasjeckani peršin, sol i papar. Staviti na stranu.
g) Burger peciva po želji prepecite na roštilju.
h) Da biste sastavili hamburgere, na donju polovicu svake lepinje stavite pečenu pileću falafel pljeskavicu.
i) Odozgo stavite listove zelene salate, narezane rajčled i narezani crveni luk.
j) Prelijte umakom od limuna.
k) Po izboru: namažite tzatziki umak ili humus na gornju polovicu svake lepinje prije slaganja hamburgera.
l) Poslužite vruće i uživajte u ukusnim falafel pilećim burgerima s umakom od limuna!

37.Rolled od jastoga

SASTOJCI:
- Kuhano meso jastoga, nasjeckano
- Majoneza
- Sok od limuna
- Nasjeckani celer
- Sol i papar
- Maslac
- Hrenovke ili peciva s podijeljenim vrhom
- Nasjeckani vlasac ili peršin za ukras

UPUTE:
a) U zdjeli pomiješajte nasjeckano meso jastoga, majonezu, limunov sok, nasjeckani celer, sol i papar po ukusu.
b) Zagrijte tavu na srednje jakoj vatri i otopite maslac.
c) Pecite hrenovke ili rolled s podijeljenim vrhom na otopljenom maslacu dok ne porumene.
d) Svaku pečenu lepinju napunite smjesom od jastoga.
e) Ukrasite nasjeckanim vlascem ili peršinom.
f) Rolled od jastoga odmah poslužite.
g) Uživajte u svojim klasičnim i ukusnim rolicama od jastoga!

38. Kokošja ulica Tacos sa salsom od kukuruzne jled

SASTOJCI:
- 1 funta pilećih prsa bez kostiju i kože, narezanih na kockled
- 2 žlled maslinovog ulja
- 2 žlled začina za taco
- 8 malih kukuruznih tortilja
- 1 šalica kukuruznih zrna (svježih ili konzerviranih)
- 1 šalica jicama narezanih na kockled
- 1/4 šalled crvenog luka nasjeckanog na kockled
- 1/4 šalled nasjeckanog svježeg cilantra
- Sok od 1 limete
- Posolite i popaprite po ukusu

UPUTE:
a) U zdjelu pomiješajte piletinu narezanu na kockled s maslinovim uljem i začinima za taco dok se ne ujednači.
b) Zagrijte tavu na srednje jakoj vatri i dodajte začinjenu piletinu. Kuhajte dok ne porumene i ne budu kuhane, oko 5-7 minuta.
c) U drugoj zdjeli pomiješajte zrna kukuruza, jled narezane na kockled, crveni luk, cilantro, sok limete, sol i papar kako biste napravili salsu.
d) Zagrijte kukuruzne tortilje u suhoj tavi ili mikrovalnoj pećnici.
e) Sastavite tacose tako da na svaku tortilju stavite žlicu kuhane piletine, a zatim prelijete salsom od kukuruza.
f) Poslužite odmah i uživajte u ovim ukusnim uličnim tacosima s piletinom!

39.Zelena rajčica BLT

SASTOJCI:
- Zelene rajčled, narezane na ploške
- Ploške slanine
- Listovi zelene salate
- Narezan kruh
- Majoneza
- Posolite i popaprite po ukusu

UPUTE:
a) Ploške slanine kuhajte dok ne postanu hrskave, a zatim ih ocijedite na papirnatim ručnicima.
b) U tavi na srednje jakoj vatri pržite kriške zelene rajčled dok lagano ne porumene s obje strane.
c) Tostirajte kriške kruha dok ne porumene.
d) Namažite majonezom jednu stranu svake kriške kruha.
e) Na polovicu kriški kruha posložite popržene ploške zelene rajčled, hrskavu pancetu i listove zelene salate.
f) Začinite solju i paprom po ukusu.
g) Na vrh stavite preostale kriške kruha kako biste dovršili sendviče.
h) Poslužite odmah i uživajte u ukusnim BLT-ovima od zelenih rajčica!

40. Libanonski ulični sendviči

SASTOJCI:
- 4 kruga pita kruha
- 1 lb tanko narezane kuhane piletine ili goveđe shawarme
- 1 šalica humusa
- 1 šalica rajčled narezane na kockled
- 1 šalica krastavaca narezanih na kockled
- 1/2 šalled nasjeckanog peršina
- 1/4 šalled crvenog luka nasjeckanog na kockled
- Tahini umak (po želji)
- kiseli krastavci (po želji)

UPUTE:
a) Zagrijte krugove pita kruha u tavi ili mikrovalnoj pećnici.
b) Svaku pita kruh namažite humusom.
c) Svaku pitu napunite narezanom piletinom ili goveđom shawarmom.
d) Na vrh stavite rajčicu narezanu na kockled, krastavce, peršin i crveni luk.
e) Po želji prelijte tahini umakom i dodajte kisele krastavce za dodatni okus.
f) Sendviče preklopite i poslužite tople. Uživajte u libanonskim uličnim sendvičima!

41. Sendviči sa salatom od piletine s roštilja

SASTOJCI:
- 2 šalled kuhanih pilećih prsa, nasjeckanih ili na kockled
- 1/2 šalled umaka za roštilj
- 1/4 šalled majoneze
- 1/4 šalled crvenog luka nasjeckanog na kockled
- 1/4 šalled celera narezanog na kockled
- Posolite i popaprite po ukusu
- Sendvič kruh ili kiflled
- Listovi zelene salate
- Narezane rajčled (po želji)

UPUTE:
a) U zdjeli pomiješajte kuhana pileća prsa, roštilj umak, majonezu, crveni luk narezan na kockled i celer narezan na kockled. Dobro izmiješajte da se piletina ravnomjerno obloži.
b) Začinite solju i paprom po ukusu.
c) Stavite smjesu za salatu od piletine u hladnjak na najmanje 30 minuta kako bi se okusi stopili.
d) Za sastavljanje sendviča stavite list zelene salate na jednu krišku kruha ili peciva.
e) Žlicom stavite mješavinu salate od piletine na žaru na zelenu salatu.
f) Po želji dodajte narezane rajčled.
g) Na vrh stavite drugu krišku kruha ili drugu polovinu peciva.
h) Poslužite svoje sendviče s pilećom salatom na žaru hladne ili na sobnoj temperaturi.
i) Uživajte u ukusnim i zasitnim sendvičima!

42. Pileći sendvič generala Tsoa sa slanom

SASTOJCI:
GENERAL TSO'S PILETINA:
- 1 lb pilećih prsa bez kostiju i kože, narezanih na komade veličine zalogaja
- 1/2 šalled kukuruznog škroba
- Posolite i popaprite po ukusu
- Biljno ulje za prženje
- 1/4 šalled soja umaka
- 2 žlled hoisin umaka
- 2 žlled rižinog octa
- 2 žlled meda
- 1 žlica sezamovog ulja
- 1 žlica kukuruznog škroba
- 2 češnja češnjaka, mljevena
- 1 žličica naribanog đumbira
- 1 žličica mljevene crvene paprike (po želji)
- Narezani zeleni luk za ukras

SLAGA OD BROKULE:
- 2 šalled mješavine salata od brokule (naribane stabljike brokule i mrkva)
- 1/4 šalled majoneze
- 1 žlica rižinog octa
- 1 žličica meda
- Posolite i popaprite po ukusu

DRUGI:
- Sendvič peciva ili kiflled
- Narezani krastavac i cilantro za ukras (po želji)

UPUTE:
a) U zdjelu pomiješajte komade piletine veličine zalogaja s kukuruznim škrobom dok se ne ujednače. Posolite i popaprite.
b) Zagrijte biljno ulje u tavi ili woku na srednje jakoj vatri.
c) Pržite obložene komade piletine u serijama dok ne porumene i budu kuhani, oko 5-6 minuta po seriji. Izvadite i ocijedite na papirnatim ručnicima.
d) U posebnoj posudi pomiješajte sojin umak, hoisin umak, rižin ocat, med, sezamovo ulje, kukuruzni škrob, mljeveni češnjak, naribani đumbir i zgnječenu crvenu papriku.
e) Ulijte smjesu umaka u tavu ili wok i kuhajte na srednjoj vatri dok se ne zgusne i ne postane mjehurić.
f) Dodajte pržene komade piletine u umak i miješajte dok se ne ujednači. Kuhajte još 2-3 minute.
g) Da biste napravili salatu od brokule, pomiješajte smjesu za salatu od brokule, majonezu, rižin ocat, med, sol i papar u zdjeli dok se dobro ne sjedine.
h) Po želji prepecite sendvič peciva ili kiflled.
i) Za sastavljanje sendviča stavite veliku količinu piletine General Tso na donju polovicu svake lepinje.
j) Po želji prelijte salatom od brokule i narezanim krastavcem i cilantrom.
k) Pokrijte gornjom polovicom kiflled.
l) Poslužite odmah i uživajte u svom ukusnom sendviču s piletinom General Tso i brokulom!

43.Burger slajderi s tajnim umakom

SASTOJCI:
- 1 lb mljevene govedine
- Slider punđe
- Posolite i popaprite po ukusu
- Rezani sir (po želji)
- Listovi zelene salate
- Narezane rajčled
- Narezani luk

ZA TAJNI UMAK:
- 1/2 šalled majoneze
- 2 žlled kečapa
- 1 žlica žute gorušled
- 1 žlica slatkog kiselog krastavca
- 1 žličica bijelog octa
- 1/2 žličled češnjaka u prahu
- Posolite i popaprite po ukusu

UPUTE:
a) U zdjeli pomiješajte majonezu, kečap, senf, slatke kisele krastavce, bijeli ocat, češnjak u prahu, sol i papar. Dobro izmiješajte da dobijete tajni umak.
b) Zagrijte roštilj ili tavu na srednje jakoj vatri.
c) Mljevenu junetinu podijelite na manje komade i oblikujte ih u mini pljeskavled. Posolite i popaprite.
d) Pecite pljeskavled na roštilju ili tavi 2-3 minute sa svake strane ili dok ne budu pečene do željene spremnosti.
e) Ako koristite sir, stavite krišku na svaku pljeskavicu tijekom zadnje minute kuhanja da se otopi.
f) Pecite slajder peciva na roštilju ili tavi.
g) Sastavite slajdere tako da na donju polovicu svake lepinje stavite pljeskavicu.
h) Na vrh stavite zelenu salatu, ploške rajčled i ploške luka.
i) Namažite tajni umak na gornju polovicu svake lepinje.
j) Stavite gornju punđu preko nadjeva kako biste dovršili klizače.
k) Poslužite odmah i uživajte u ukusnim slajderima za hamburger s tajnim umakom!

44.Bang Bang slajderi za tortu od škampi

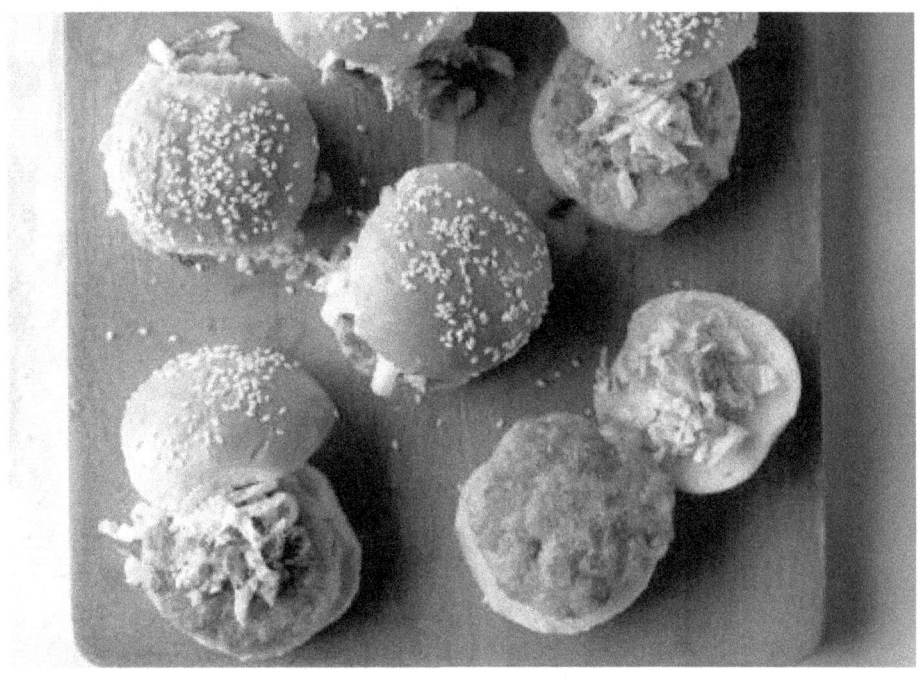

SASTOJCI:
ZA KOLAČE OD KOZICA:
- 1 lb škampa, oguljenih i očišćenih
- 1 jaje
- 1/4 šalled majoneze
- 1 žlica Sriracha umaka
- 1 žlica soka od limuna
- 1/4 šalled krušnih mrvica
- Posolite i popaprite po ukusu
- Slider punđe
- Listovi zelene salate
- Narezane rajčled

BANG BANG UMAK:
- 1/4 šalled majoneze
- 1 žlica slatkog čili umaka
- 1 žličica Sriracha umaka

UPUTE:
a) Zagrijte pećnicu na 375°F (190°C) i obložite lim za pečenje papirom za pečenje.
b) U procesoru hrane izmiksajte škampe dok se ne nasjeckaju.
c) U zdjeli umutite jaje, majonezu, Sriracha umak i limunov sok.
d) U smjesu od jaja dodajte nasjeckane škampe, krušne mrvled, sol i papar. Miješajte dok se dobro ne sjedini.
e) Smjesu škampa oblikujte u male pljeskavled i stavite ih na pripremljen lim za pečenje.
f) Pecite 12-15 minuta ili dok kolačići od škampi ne budu pečeni i zlatno smeđi.
g) U međuvremenu pripremite Bang Bang umak miješanjem majoneze, slatkog čili umaka i Sriracha umaka u maloj posudi.
h) Sastavite slajdere tako da na svaki slajder stavite tortu od škampi.
i) Prelijte listovima zelene salate, narezanim rajčicama i malo Bang Bang umaka.
j) Poslužite odmah i uživajte u Bang Bang slajderima za tortu od škampa!

45.Azijski sendviči s vučenom svinjetinom

SASTOJCI:
- 2 lbs svinjske lopatled ili svinjskog buta
- 1/2 šalled soja umaka
- 1/4 šalled hoisin umaka
- 1/4 šalled meda
- 2 češnja češnjaka, mljevena
- 1 žlica naribanog đumbira
- 1 žlica rižinog octa
- 1 žličica sezamovog ulja
- 1/2 žličled kineskog praha od pet začina
- Slider kiflled ili sendvič rolled
- Narezani zeleni luk za ukras

UPUTE:
a) U zdjeli pomiješajte sojin umak, hoisin umak, med, mljeveni češnjak, naribani đumbir, rižin ocat, sezamovo ulje i kineski prah od pet začina kako biste napravili marinadu.
b) Stavite svinjsku lopaticu ili svinjski but u sporo kuhalo.
c) Prelijte marinadu preko svinjetine, pazeći da bude ravnomjerno obložena.
d) Pokrijte i kuhajte na niskoj temperaturi 8-10 sati ili na najjačoj 4-6 sati, dok svinjetina ne omekša i lako se reže vilicom.
e) Izvadite svinjetinu iz sporog kuhala i isjeckajte je pomoću dvije villed.
f) Vratite narezanu svinjetinu u sporo kuhalo i ulijte je u sok.
g) Tostirajte peciva ili sendvič rolled.
h) Na svaku lepinju stavite veliku količinu svinjskog mesa.
i) Ukrasite narezanim zelenim lukom.
j) Poslužite odmah i uživajte u ukusnim azijskim sendvičima s vučenom svinjetinom!

46. Bavarske mesne okruglled pobjednled na natjecanju

SASTOJCI:
ZA ĆUFTE:
- 1 lb mljevene govedine
- 1/2 šalled krušnih mrvica
- 1/4 šalled ribanog parmezana
- 1 jaje
- 2 češnja češnjaka, mljevena
- 1 žlica nasjeckanog svježeg peršina
- Posolite i popaprite po ukusu

ZA UMAK:
- 1 žlica maslinovog ulja
- 1 luk, narezan na kockled
- 2 češnja češnjaka, mljevena
- 1 konzerva (28 oz) zgnječene rajčled
- 1 žličica sušenog origana
- 1 žličica sušenog bosiljka
- Posolite i popaprite po ukusu

DODATNO:
- Hoagie rolled
- Narezani provolone sir
- Listovi svježeg bosiljka za ukras

UPUTE:
Zagrijte pećnicu na 400°F (200°C).
a) U velikoj zdjeli pomiješajte mljevenu junetinu, krušne mrvled, ribani parmezan, jaje, nasjeckani češnjak, nasjeckani peršin, sol i papar. Miješajte dok se dobro ne sjedini.
b) Od smjese oblikujte polpete i stavljajte ih na pleh obložen papirom za pečenje.
c) Pecite mesne okruglled u prethodno zagrijanoj pećnici 15-20 minuta, ili dok se ne ispeku i porumene.
d) Dok se mesne okruglled peku pripremite umak. Zagrijte maslinovo ulje u tavi na srednje jakoj vatri.
e) Dodajte luk narezan na kockled i nasjeckani češnjak u tavu i kuhajte dok ne omekšaju.
f) Umiješajte zgnječenu rajčicu, sušeni origano, sušeni bosiljak, sol i papar. Kuhajte 10-15 minuta uz povremeno miješanje.
g) Nakon što su mesne okruglled pečene, dodajte ih u tavu s umakom i promiješajte da se ravnomjerno prekriju.
h) Razdvojite hoagie rolled i s jedne strane stavite narezan provolone sir.
i) Žlicom stavite smjesu mesnih okruglica i umaka na hoagie rolled.
j) Ukrasite listićima svježeg bosiljka.
k) Poslužite vruće i uživajte u bavarskim mesnim okruglicama!

47.Sendvič od svinjskog lungića

SASTOJCI:
- 2–4 šnite svinjskog pečenja s čvarcima
- 4 supene kašike—slatko-kiselog crvenog kupusa
- 3 žlled kvalitetne majoneze
- 1 žlica jakog, grubog senfa
- 2 kisela krastavca narezana
- 1 ženska jabuka
- Malo kolutića crvenog luka (po želji)

Kiselo-slatki crveni kupus
- 1 srednji crveni kupus
- 1/2 boce crnog vina
- Začini: klinčić, lovor, štapić cimeta, papar, zvjezdasti anis
- 2 luka
- Sol
- 3 žlled pačje ili guščje masti
- 2 šalled balsamica ili jabukovače
- 2 žlled šećerne trske, ovisno o slatkoći vina i octa

UPUTE:
a) Po potrebi zagrijte lungić i crveni kupus.
b) Pomiješajte majonezu sa senfom i premažite kriške kruha.
c) Na jednu šnitu kruha u slojevima poslažite crveni kupus, meso, narezane kornišone, narezanu jabuku i kolutiće luka, a drugom šnitom zatvorite i napravite sendvič.
d) Crveno vino sa suhim začinima kuhajte 5 minuta i ostavite da se ulije 15 minuta.
e) Glavici kupusa uklonite peteljku ako je ima i narežite je. Ogulite i nasjeckajte luk.
f) U velikoj posudi s debljim dnom na guščjoj masti pirjajte crveni kupus i luk.
g) Ulijte crno vino kroz cjedilo da uklonite začine u posudu i dodajte sol.
h) Ostavite da lagano kuha najmanje sat vremena - nakon višesatnog kuhanja dobit ćete mekan i prekrasno ukusan kupus.
i) Crveni kupus začiniti octom i šećerom.

48. Začinjeni riblji sendvič

SASTOJCI:

- 2 kilograma fileta bijele morske ribe
- 3 žlled ekstra djevičanskog maslinovog ulja
- 4 zgnječena češnja češnjaka
- 1 šalica sitno nasjeckanog cilantra
- 1/2 žličled mljevenog korijandera
- 1/2 žličled mljevenog kima
- 1/2 žličled mljevene crvene paprike

ZA TARATOR UMAK
- 1/2 šalled tahinija
- Sok od 1 limuna ili po ukusu
- 1/2 šalled vode
- Morska sol

ZA UMAK OD ČEŠNJAKA
- 5 većih režnjeva češnjaka
- 1 srednji krumpir, kuhan i zgnječen
- 1/3 šalled ekstra djevičanskog maslinovog ulja
- 3-4 žlled procijeđenog jogurta

ZA SENDVIČE
- 6 srednjih pita kruhova
- 1 srednja rajčica, tanko narezana
- 1 šalica narezane zelene salate

UPUTE:

a) Zagrijte pećnicu na 180°C
b) Položite riblji file s kožom prema dolje na rešetku u posudu za pečenje. Pecite ribu 25-30 minuta ili dok ne bude gotova. Nemojte prepeći ribu jer će postati gumenasta. Neka se ohladi. Narežite na male komadiće, poklopite i ostavite sa strane.
c) U tavi uz stalno miješanje pirjajte ulje, češnjak, cilantro i mljeveni korijander dok ne poprimi miris. Zatim dodajte kumin i crvenu papriku. Dobro promiješajte i maknite s vatre.
d) Tarator napravite tako da sastojke pomiješate, posolite po ukusu, dok ne dobijete kremasti umak, te izlijte u manju šerpu. Stavite na srednje jaku vatru i uz redovito miješanje pustite da zavrije. Kad umak počne kuhati, dodajte pirjani korijander i pirjajte oko pet

minuta ili dok se ne počne odvajati, a ulje ispliva na površinu. Maknite s vatre i ostavite da se ohladi.
e) Ocijedite tekućinu iz ribe ako je ima i dodajte u tahini umak. Dobro promiješajte, zatim kušajte i prilagodite začine.
f) Napravite umak od češnjaka tako da režnjeve češnjaka zgnječite u mužaru batom s malo umaka. Umiješajte pire krumpir, pa polako nakapajte ulje kao da radite majonezu. Kušajte umak, a ako je preoštar dodajte procijeđeni jogurt i još soli po ukusu.
g) Otvorite pita kruh na šavu i svaka dva sloja položite jedan preko drugog, grubom stranom prema gore. Svaki gornji krug premažite s malo umaka od češnjaka. Ribu podjednako podijelite na pita kruh, po ribi pospite jednake količine rajčled i zelene salate te pospite s malo morske soli.
h) Zarolajte pitu preko ribljeg nadjeva i ostavite svaki sendvič cijeli i prerežite na dva dijela dijagonalno—sendvič možete lagano prepeći u Panini tosteru ili na vrućoj tavi. Donje polovled omotajte papirnatim ubrusom i odmah poslužite.
i) Alternativno, upotrijebite ribu kao preljev za crostini. Prepecite šest kriški crnog ili drugog kruha i svaku premažite umakom od češnjaka. Preko češnjaka rasporedite malo naribanu zelenu salatu i pokrjte jednakim količinama riblje smjese. Posvuda pospite malo sitno narezanih rajčica i pospite s malo morske soli. Poslužite odmah s kriškama limuna.
j) Ako želite napraviti sendvič s hobotnicom, pirjajte cilantro i češnjak sa svim začinima kako je opisano u nastavku teksta te dodajte sok od limuna po ukusu. Ohlađeno pomiješajte s kuhanom nasjeckanom hobotnicom. Napravite sendvič s istim ukrasom.

TACOS, ENCHILADAS I OMOTATI

49. Kamion s hranom Riba Tacos

SASTOJCI:
- 1 lb filea bijele ribe (poput bakalara ili tilapije)
- 1 žlica maslinovog ulja
- 1 žlica začina za taco
- 8 malih tortilja od brašna ili kukuruza
- Rendani kupus
- Rajčled narezane na kockled
- Narezani avokado
- Kriške limete
- Cilantro za ukras
- Kiselo vrhnje ili salsa (po želji)

UPUTE:
a) Zagrijte roštilj ili tavu na srednje jakoj vatri.
b) Natrljajte riblje filete maslinovim uljem i začinima za taco.
c) Pecite ribu na roštilju ili u tavi 3-4 minute sa svake strane ili dok se ne skuha i ne pokvari se.
d) Zagrijte tortilje na roštilju ili u suhoj tavi.
e) Kuhanu ribu narežite na komade veličine zalogaja.
f) Sastavite tacose tako da na svaku tortilju stavite malo nasjeckanog kupusa, a zatim ribu u listićima.
g) Povrh stavite rajčled narezane na kockled, narezani avokado i malo soka od limete.
h) Ukrasite cilantrom i po želji poslužite s kiselim vrhnjem ili šalšom.
i) Uživajte u ovim jednostavnim i ukusnim ribljim tacosima!

50. Moo Shu obloge od gljiva

SASTOJCI:
- 8 velikih tortilja od brašna
- 2 žlled biljnog ulja
- 1 luk narezan na tanke ploške
- 2 češnja češnjaka, mljevena
- 8 oz gljiva, tanko narezanih
- 1 šalica nasjeckanog kupusa ili mješavine salate od kupusa
- 2 žlled hoisin umaka
- 2 žlled soja umaka
- 1 žličica sezamovog ulja
- Zeleni luk, narezan (za ukras)
- Sezamove sjemenke (za ukras)

UPUTE:
a) Zagrijte biljno ulje u velikoj tavi ili woku na srednje jakoj vatri.
b) Dodajte narezani luk i nasjeckani češnjak u tavu i kuhajte dok ne omekšaju.
c) U tavu dodajte narezane gljive i kuhajte dok ne otpuste vlagu i ne omekšaju.
d) Umiješajte nasjeckani kupus ili mješavinu kupusa i kuhajte dok malo ne uvene.
e) U maloj posudi pomiješajte hoisin umak, sojin umak i sezamovo ulje.
f) Prelijte mješavinu umaka preko mješavine gljiva i kupusa u tavi. Dobro promiješajte da se prekrije.
g) Kuhajte još 2-3 minute, dok se sve ne zagrije i dobro sjedini.
h) Zagrijte tortilje od brašna u suhoj tavi ili mikrovalnoj pećnici.
i) Žlicom stavite smjesu moo shu gljiva na sredinu svake tortilje.
j) Pospite narezanim mladim lukom i sezamom.
k) Smotajte tortilje, uvlačeći strane dok idete, kako biste oblikovali zamotuljke.
l) Poslužite odmah i uživajte u ukusnim moo shu zamotuljcima od gljiva!

51. California Svitak Omotati

SASTOJCI:
- Nori (morska trava) listovi
- Sushi riža
- Meso rakova ili imitacija štapića rakova, nasjeckano
- Avokado, narezan
- Krastavac, julienned
- Soja umak, za umakanje

UPUTE:
a) Stavite nori list na čistu radnu površinu.
b) Ravnomjerno rasporedite sloj sushi riže preko nori lista, ostavljajući mali obrub duž rubova.
c) Rasporedite narezano meso rakova, narezani avokado i juliened krastavac u sredinu riže.
d) Čvrsto zarolajte list nori kako biste oblikovali omot, koristeći podlogu od bambusa za sushi ili pergamentni papir za oblikovanje.
e) Oštrim nožem narežite roladu na komade veličine zalogaja.
f) Poslužite kalifornijske rolled sa soja umakom za umakanje.
g) Uživajte u ukusnim i prenosivim zamotuljcima inspiriranim sushijem!

52. Pileći tacosi u sporom kuhanju

SASTOJCI:
- 1 lb pilećih prsa bez kostiju i kože
- 1 paket začina za taco
- 1 šalica pileće juhe
- 8 malih tortilja od brašna ili kukuruza
- Vaši omiljeni taco dodaci (salsa, naribani sir, zelena salata, kockled rajčled, kiselo vrhnje itd.)

UPUTE:
a) Stavite pileća prsa u sporo kuhalo.
b) Pospite začin za taco po piletini.
c) U sporo kuhalo ulijte pileću juhu.
d) Poklopite i kuhajte na laganoj vatri 6-8 sati, ili na najjačoj 3-4 sata, dok piletina ne omekša i lako se reže vilicom.
e) Isjeckajte piletinu pomoću dvije villed u laganom kuhalu.
f) Zagrijte tortilje u mikrovalnoj ili na tavi.
g) Sastavite tacose tako da na svaku tortilju stavite žlicu nasjeckane piletine.
h) Prelijte svojim omiljenim taco preljevima.
i) Poslužite odmah i uživajte u ovim ukusnim pilećim tacosima koji se sporo kuhaju!

53.Mini Chimichangas

SASTOJCI:
- Tortilje od brašna
- Kuhana narezana piletina ili govedina
- Prepržen grah
- Naribani sir
- Biljno ulje za prženje
- Kiselo vrhnje, salsa, guacamole za posluživanje

UPUTE:
a) Zagrijte pećnicu na 375°F (190°C).
b) Stavite malu količinu kuhane nasjeckane piletine ili govedine, prženog graha i nasjeckanog sira u sredinu svake tortilje od brašna.
c) Presavijte stranled tortilje preko nadjeva, a zatim je čvrsto zarolajte u obliku mini chimichangasa.
d) Zagrijte biljno ulje u tavi na srednje jakoj vatri.
e) Pržite mini chimichange na vrućem ulju dok ne porumene i hrskaju sa svih strana, oko 2-3 minute po strani.
f) Pržene chimichange prebacite u pleh obložen papirom za pečenje.
g) Pecite u prethodno zagrijanoj pećnici 10-12 minuta da se nadjev dobro zagrije.
h) Poslužite mini chimichangas vruće s kiselim vrhnjem, salsom i guacamoleom za umakanje.
i) Uživajte u svojim ukusnim mini chimichangama kao međuobrok ili predjelo!

54. Lime-Chipotle Carnitas Tostadas

SASTOJCI:
ZA CARNITAS OD LIMETINE:
- 2 lbs svinjske lopatled, narezane na komade
- 1 luk, narezan na kockled
- 4 češnja češnjaka, nasjeckana
- 1 chipotle paprika u adobo umaku, mljevena
- 1 žlica adobo umaka
- Sok od 2 limete
- 1 žličica mljevenog kima
- 1 žličica sušenog origana
- Posolite i popaprite po ukusu
- 1 šalica pileće juhe
- Biljno ulje za prženje

DRUGI:
- Tostada školjke
- Prepržerni grah
- Narezana zelena salata
- Rajčled narezane na kockled
- Narezani avokado
- Srušena queso freska
- Sjeckani cilantro
- Kriške limete

UPUTE:

a) U loncu za lagano kuhanje pomiješajte komade svinjske lopatled, luk narezan na kockled, mljeveni češnjak, mljevenu papriku, adobo umak, sok limete, mljeveni kim, sušeni origano, sol, papar i pileću juhu.

b) Kuhajte na niskoj razini 8 sati ili na visokoj 4 sata, dok svinjetina ne omekša i lako se raspadne.

c) Nakon što je svinjetina pečena, izvadite je iz sporog kuhala i isjeckajte pomoću dvije villed.

d) Zagrijte biljno ulje u tavi na srednje jakoj vatri.

e) Na zagrijanom ulju pržite narezanu svinjetinu dok ne postane hrskava i karamelizirana, oko 5-7 minuta.

f) Za sastavljanje tostada, rasporedite sloj prženog graha na svaku ljusku tostade.

g) Prelijte obilnom porcijom hrskavih karnita s limetom.

h) Ukrasite nasjeckanom zelenom salatom, rajčicom narezanom na kockled, narezanim avokadom, izmrvljenim queso freskom i nasjeckanim cilantrom.

i) Poslužite s kriškama limete sa strane za cijeđenje.

j) Uživajte u svojim pikantnim i aromatičnim carnitas tostadas s limetom!

55.Kamion s hranom Ukusni buritosi

SASTOJCI:
- 1 lb mljevene junetine ili puretine
- 1 paket začina za taco
- 1 limenka (15 oz) prženog graha
- 1 šalica kuhane riže
- 8 velikih tortilja od brašna
- Narezana zelena salata
- Rajčled narezane na kockled
- Naribani sir (cheddar, Monterey Jack ili meksička mješavina)
- Kiselo vrhnje
- Salsa

UPUTE:
a) U tavi kuhajte mljevenu junetinu ili puretinu na srednjoj vatri dok ne porumene. Ocijedite sav višak masnoće.
b) Dodajte začin za taco i pripremite prema uputama na pakiranju.
c) Zagrijte prepržene grah u loncu na srednjoj vatri.
d) Na svaku tortilju rasporedite žlicu prženog graha.
e) Na vrh stavite kuhanu rižu, začinjenu mljevenu junetinu ili puretinu, narezanu zelenu salatu, rajčled narezane na kockled, narezani sir, kiselo vrhnje i šalšu.
f) Savijte strane svake tortilje i čvrsto smotajte u obliku burritosa.
g) Poslužite odmah i uživajte u ukusnim burritosima!

56.Poljoprivredna tržnica Enchiladas

SASTOJCI:

- 8 kukuruznih tortilja
- 2 šalled kuhane piletine, nasjeckane
- 1 šalica crnog graha, ocijeđenog i ispranog
- 1 šalica kukuruznih zrna
- 1 paprika, narezana na kockled
- 1 luk, narezan na kockled
- 2 šalled enchilada umaka
- 1 šalica nasjeckanog sira (cheddar, Monterey Jack ili meksička mješavina)
- Nasjeckani cilantro za ukras (po želji)

UPUTE:

a) Zagrijte pećnicu na 375°F (190°C).
b) U tavi pirjajte na kockled narezan luk i papriku dok ne omekšaju.
c) Dodajte nasjeckanu piletinu, crni grah i zrna kukuruza u tavu i promiješajte da se sjedine.
d) Ulijte 1/2 šalled enchilada umaka na dno posude za pečenje.
e) Zagrijte kukuruzne tortilje u mikrovalnoj pećnici ili na tavi da postanu savitljive.
f) Žlicom stavite mješavinu piletine i povrća na svaku tortilju i čvrsto ih zarolajte.
g) Smotane enchilade stavite šavovima prema dolje u posudu za pečenje.
h) Prelijte preostali umak od enchilade preko vrha enchilada, ravnomjerno ga rasporedite.
i) Po vrhu pospite naribani sir.
j) Pecite 20-25 minuta, ili dok se sir ne otopi i postane mjehurić.
k) Po želji ukrasite nasjeckanim cilantrom.
l) Poslužite vruće i uživajte u ovim ukusnim enchiladama s farmerske tržnled!

57. Piletina Caesar Omotati

SASTOJCI:
- 2 šalled kuhane piletine, nasjeckane ili narezane na ploške
- 1/2 šalled preljeva za Cezar salatu
- 4 velike tortilje od brašna
- Narezana zelena salata
- Naribani parmezan
- Krutoni
- Posolite i popaprite po ukusu

UPUTE:
a) U zdjeli pomiješajte kuhanu piletinu i preljev za Cezar salatu. Miješajte dok se ne ujednači.
b) Zagrijte tortilje od brašna u mikrovalnoj pećnici ili na tavi da postanu savitljive.
c) Podijelite narezanu romaine salatu na tortilje, ravnomjerno je rasporedite.
d) Prekrijte svaku tortilju odjevenom piletinom.
e) Pospite naribanim parmezanom i krutonima.
f) Začinite solju i paprom po ukusu.
g) Čvrsto smotajte tortilje kako biste oblikovali zamotuljke.
h) Poslužite odmah i uživajte u ukusnim pilećim Cezar wrapovima!

58. Pileći suvlaki pitas

SASTOJCI:
- 1 lb pilećih prsa bez kostiju i kože, narezanih na kockled
- 1/4 šalled maslinovog ulja
- 2 žlled soka od limuna
- 2 češnja češnjaka, mljevena
- 1 žličica sušenog origana
- Posolite i popaprite po ukusu
- Pita kruh
- Tzatziki umak
- Narezane rajčled
- Narezani luk
- Narezana zelena salata

UPUTE:
a) U zdjeli pomiješajte maslinovo ulje, limunov sok, mljeveni češnjak, sušeni origano, sol i papar kako biste napravili marinadu.
b) Dodajte pileće kockled u marinadu i promiješajte da se premazuju. Ostavite da se marinira najmanje 30 minuta.
c) Prethodno zagrijte roštilj ili tavu na srednje jakoj vatri.
d) Marinirane pileće kockled nanizati na ražnjiće.
e) Pecite pileće ražnjiće 5-6 minuta sa svake strane ili dok se ne ispeku i malo pougljenje.
f) Zagrijte pita kruh na roštilju.
g) Sastavite pileći souvlaki pita tako da na svaki pita stavite nekoliko komada piletine na žaru.
h) Prelijte tzatziki umakom, narezanim rajčicama, narezanim lukom i narezanom zelenom salatom.
i) Poslužite odmah i uživajte u ukusnim pilećim souvlaki pitama!

59. Pješački takosi u kamionu s hranom

SASTOJCI:
- 1 lb mljevene govedine
- 1 paket začina za taco
- 8 pojedinačnih vrećica kukuruznog čipsa (kao što je Fritos)
- Narezana zelena salata
- Rajčled narezane na kockled
- Luk narezan na kockled
- Naribani sir (cheddar ili meksička mješavina)
- Narezani jalapenos (po želji)
- Kiselo vrhnje
- Salsa

UPUTE:
a) U tavi kuhajte mljevenu govedinu na srednjoj vatri dok ne porumeni. Ocijedite sav višak masnoće.
b) Dodajte začin za taco u kuhanu mljevenu govedinu prema uputama na pakiranju.
c) Otvorite svaku vrećicu kukuruznog čipsa i žlicom stavite dio začinjene mljevene govedine u svaku vrećicu.
d) Povrh stavite narezanu zelenu salatu, rajčled narezane na kockled, luk narezan na kockled, nasjeckani sir, narezane jalapeno (ako ih koristite), kiselo vrhnje i salsu.
e) Poslužite odmah s vilicom i uživajte u svojim hodajućim tacosima!

60. Pileći tamaleš

SASTOJCI:
ZA PILEĆI NADJEV:
- 2 šalled kuhane narezane piletine
- 1 glavica luka, narezana na kockled
- 2 češnja češnjaka, mljevena
- 1 žličica mljevenog kima
- 1 žličica čilija u prahu
- Posolite i popaprite po ukusu
- 1 šalica umaka od rajčled
- 1/4 šalled nasjeckanog svježeg cilantra

ZA TIJESTO ZA MASU:
- 2 šalled masa harina
- 1 žličica praška za pecivo
- 1/2 žličled soli
- 1 1/2 šalled pileće juhe
- 1/2 šalled masti ili biljnog masti

DODATNO:
- Osušene kukuruzne ljuske, namočene u toploj vodi dok ne postanu savitljive

UPUTE:
a) Za pripremu nadjeva od piletine zagrijte žlicu ulja u tavi na srednje jakoj vatri. Dodajte luk nasjeckan na kockled i nasjeckani češnjak i kuhajte dok ne omekšaju.
b) Umiješajte mljeveni kumin, čili u prahu, sol i papar. Kuhajte još minutu.
c) Dodajte narezanu piletinu, umak od rajčled i nasjeckani cilantro. Kuhajte 5-7 minuta uz povremeno miješanje. Maknite s vatre i ostavite sa strane.
d) Za pripremu masa tijesta, pomiješajte masa harinu, prašak za pecivo i sol u posudi za miješanje.
e) Postupno dodajte pileću juhu, miješajte dok ne dobijete mekano tijesto.
f) U posebnoj zdjeli istucite svinjsku mast ili mast od povrća dok ne postane svijetla i pahuljasta.
g) Postupno dodajte istučenu mast u masa tijesto, miješajte dok se dobro ne sjedini i postane pahuljasto.
h) Za sastavljanje tamalesa, rasporedite tanak sloj masa tijesta na sredinu natopljene kukuruzne ljuske.
i) Žlicom stavite dio nadjeva od piletine na masa tijesto.
j) Presavijte stranled ljuske kukuruza preko nadjeva, a zatim preklopite donji dio ljuske prema gore.
k) Ponovite s preostalim masa tijestom i nadjevom.
l) Sastavljene tamale uspravno stavite u košaru za kuhanje na pari.
m) Kuhajte tamale na pari u kipućoj vodi 60-90 minuta ili dok masa tijesto ne postane čvrsto i kuhano.
n) Maknite tamale s kuhala na pari i ostavite ih da se malo ohlade prije posluživanja.
o) Poslužite toplo i uživajte u ukusnim domaćim pilećim tamaleima!

NAPUNJENI POMFRITI

61. Napunjeni pomfrit s vaflima

SASTOJCI:
- 1 vrećica smrznutih krumpirića vafla
- 1 šalica nasjeckanog cheddar sira
- 1/2 šalled kuhane i izmrvljene slanine
- 1/4 šalled narezanog mladog luka
- 1/4 šalled rajčled narezane na kockled
- 1/4 šalled kiselog vrhnja
- 1/4 šalled ranč preljeva
- Posolite i popaprite po ukusu
- Sjeckani svježi peršin za ukras (po želji)

UPUTE:
a) Prethodno zagrijte pećnicu prema uputama na pakiranju vafla.
b) Posložite vafle u jednom sloju na pleh obložen papirom za pečenje.
c) Pecite vafle prema uputama na pakiranju dok ne porumene i postanu hrskavi.
d) Nakon što su vafli pečeni, izvadite ih iz pećnled i po vrhu ravnomjerno pospite nasjeckani cheddar sir.
e) Vratite lim za pečenje u pećnicu i pecite još 2-3 minute, ili dok se sir ne otopi i postane mjehurić.
f) Napunjene vafle izvadite iz pećnled i pospite kuhanom i izmrvljenom slaninom, narezanim mladim lukom i rajčicama narezanim na kockled.
g) Prelijte kiselim vrhnjem i ranč preljevom.
h) Začinite solju i paprom po ukusu.
i) Po želji ukrasite nasjeckanim svježim peršinom.
j) Poslužite odmah i uživajte u svojim ukusnim krumpirićima s vaflima kao međuobrok ili predjelo!

62. Buffalo pomfrit s plavim sirom

SASTOJCI:
- 4 velika krumpira, izrezana na krumpiriće
- 2 žlled maslinovog ulja
- ¼ šalled bivoljeg umaka
- ¼ šalled izmrvljenog plavog sira
- ¼ šalled nasjeckanog celera
- Posolite i popaprite po ukusu

UPUTE:
a) Zagrijte pećnicu na 425°F (220°C) i obložite lim za pečenje papirom za pečenje.
b) U velikoj zdjeli prelijte pomfrit s maslinovim uljem, soli i paprom.
c) Rasporedite krumpiriće u jednom sloju na lim i pecite 25-30 minuta, ili dok ne postanu hrskavi.
d) Izvadite iz pećnled i pokapajte umakom od bizona.
e) Po krumpirićima pospite izmrvljeni plavi sir i nasjeckani celer.
f) Pomfrit vratite u pećnicu na dodatne 2-3 minute, ili dok se sir malo ne otopi.
g) Poslužite vruće.

63. Puni krumpirići sa sirom i čilijem

SASTOJCI:
- 4 velika crvenkasta krumpira
- Biljno ulje za prženje
- Posolite po ukusu
- 1 šalica chili con carne
- 1 šalica nasjeckanog cheddar sira
- Kiselo vrhnje
- Nasjeckani zeleni luk

UPUTE:
a) Slijedite upute za pripremu klasičnog domaćeg pomfrita (recept je naveden ranije) da pržite ili ispečete krumpir dok ne postane hrskav.
b) Kad su krumpirići pečeni, prebacite ih u posudu za posluživanje i pospite solju.
c) Žlicom stavite chili con carne preko krumpirića.
d) Pospite nasjeckani cheddar sir preko čilija.
e) Stavite napunjene krumpiriće ispod par minuta dok se sir ne otopi.
f) Izvadite iz pećnled i pospite komadićima kiselog vrhnja i nasjeckanim mladim lukom.
g) Poslužite odmah i uživajte u slatkim krumpirićima s čilijem i sirom.

64. Pomfrit s tartufima i parmezanom

SASTOJCI:
- 4 velika crvenkasta krumpira
- 3 žlled ulja od tartufa
- ¼ šalled ribanog parmezana
- 1 žlica sitno nasjeckanog svježeg peršina
- Posolite i popaprite po ukusu

UPUTE:

a) Zagrijte pećnicu na 425°F (220°C). Obložite lim za pečenje papirom za pečenje ili aluminijskom folijom za lakše čišćenje.

b) Krumpir dobro operite i osušite. Ostavite kožu za dodatnu teksturu ili ih ogulite ako želite. Krumpir narežite na jednolike štapiće, debljine oko ¼ do ½ inča (0,6 do 1,3 cm).

c) Stavite štapiće krumpira u veliku zdjelu i pokapajte ih uljem od tartufa. Dobro promiješajte da se krumpirići ravnomjerno prekriju uljem.

d) Rasporedite krumpiriće u jednom sloju na pripremljeni lim za pečenje. Provjerite ima li malo prostora između njih kako bi se omogućilo ravnomjerno kuhanje i hrskavost.

e) Pomfrit začinite solju i paprom po svom ukusu.

f) Imajte na umu da parmezan daje malo soli, pa ako želite, smanjite sol.

g) Stavite lim za pečenje u prethodno zagrijanu pećnicu i pecite oko 25-30 minuta, ili dok krumpirići ne porumene i ne postanu hrskavi. Preokrenite pomfrit na pola vremena pečenja kako biste osigurali ravnomjernu smeđu boju.

h) Kad su krumpirići pečeni, izvadite ih iz pećnled i vruće krumpiriće pospite naribanim parmezanom. Preostala toplina pomoći će da se sir malo otopi.

i) Pomfrit ukrasite sitno nasjeckanim svježim peršinom za dodatnu svježinu i okus.

j) Pomfrit s parmezanom s tartufima poslužite odmah dok je još vruć i hrskav. U njima se može uživati samostalno ili kao ukusan prilog uz hamburgere, sendviče ili neko jelo po želji.

65. Pomfrit za doručak

SASTOJCI:
- 1 žličica maslaca, ili po ukusu
- ¼ šalled smrznutog pomfrita ili po ukusu
- 2 jaja, istučena
- 1 prstohvat soli i mljevenog crnog papra po ukusu

UPUTE:
a) Zagrijte maslac i rastopite ga u tavi od lijevanog željeza.

b) Kada se maslac zagrije, dodajte krumpiriće i kuhajte ih oko 6 minuta.

c) Pomiješajte sol i jaja, zatim papar i nastavite miješati još oko 4 do 6 minuta.

66. Bacon Ranch krumpirići

SASTOJCI:
- 4 velika crvenkasta krumpira
- 2 žlled biljnog ulja
- 1 žlica mješavine začina za ranch
- ½ šalled nasjeckanog cheddar sira
- 4 kriške kuhane slanine, izmrvljene
- Sjeckani svježi peršin za ukras (po želji)

UPUTE:
a) Zagrijte pećnicu na 425°F (220°C) i obložite lim za pečenje papirom za pečenje.
b) Krumpir operite i osušite, ostavite koru. Narežite ih na krumpiriće debljine ¼ do ½ inča.
c) U veliku zdjelu prelijte krumpiriće s biljnim uljem i mješavinom začina za ranč.
d) Rasporedite krumpiriće u jednom sloju na lim i pecite 25-30 minuta dok ne postanu hrskavi.
e) Izvadite iz pećnled i pospite nasjeckanim cheddar sirom i izmrvljenom slaninom.
f) Vratiti u pećnicu na 2-3 minute dok se sir ne otopi.
g) Po želji ukrasite nasjeckanim svježim peršinom i poslužite vruće.

67. Prženi krumpirići Pečenje za večeru

SASTOJCI:

- 1 žlica biljnog ulja
- 1 ½ funte nemasne mljevene govedine
- ½ luka narezanog na kockled ½ zelene paprike narezane na kockled
- sol i crni papar po ukusu
- 10 ¾- unce limenke kondenzirane krem juhe od gljiva
- ¾ šalled umaka od prerađenog sira kao što je Cheez Whiz
- 14 unci smrznutih pomfrita

UPUTE:

a) Premažite vatrostalnu posudu uljem, a zatim zagrijte pećnicu na 400 stupnjeva prije bilo čega drugog.

b) Kad se pećnica zagrije, pržite mljevenu govedinu na ulju, a zatim pomiješajte zelenu papriku i luk. Meso pržite uz miješanje 14 minuta dok ne bude potpuno gotovo. Dodajte malo papra i soli pa pomiješajte u juhi. Sve promiješajte, a zatim pustite da smjesa prokuha. Kad sve lagano prokuha, smanjite vatru.

c) Stavite sir u mikrovalnu pećnicu na oko 45 sekundi da se otopi, a zatim složite govedinu u vatrostalnu posudu. Govedinu pospite sirom, a zatim preko svega naslažite krumpiriće.

d) Pecite jelo u pećnici 20 minuta ili dok sve, krumpirići ne budu gotovi.

68.BBQ pileći krumpirići

SASTOJCI:
- 4 velika krumpira, izrezana na krumpiriće
- 2 šalled kuhane piletine, nasjeckane
- ½ šalled BBQ umaka
- 1 šalica nasjeckanog cheddar sira
- ¼ šalled zelenog luka, nasjeckanog
- Posolite i popaprite po ukusu

UPUTE:
a) Zagrijte pećnicu na 425°F (220°C) i obložite lim za pečenje papirom za pečenje.
b) Rasporedite krumpiriće u jednom sloju na lim za pečenje i pecite 25-30 minuta ili dok ne postanu hrskavi.
c) U malom loncu zagrijte BBQ umak i narezanu piletinu na srednje jakoj vatri dok se ne zagriju.
d) Pomfrit izvadite iz pećnled i pospite solju i paprom.
e) Prelijte mješavinu BBQ piletine preko krumpirića i pospite naribanim cheddar sirom.
f) Pomfrit vratite u pećnicu na dodatnih 5-7 minuta, ili dok se sir ne otopi.
g) Ukrasite nasjeckanim zelenim lukom i poslužite vruće.

69. Pečeni svinjski krumpirići s roštilja

SASTOJCI:
- 4 velika crvenkasta krumpira
- Biljno ulje za prženje
- Posolite po ukusu
- 1 šalica pečene svinjetine s roštilja
- 1 šalica naribanog sira Monterey Jack ili cheddar
- Narezani jalapeños
- Sjeckani cilantro

UPUTE:
a)   Pripremite klasični domaći pomfrit.
b)   Kad su krumpirići pečeni, prebacite ih u posudu za posluživanje i pospite solju.
c)   Žlicom stavite svinjetinu na pomfrit.
d)   Po pečenoj svinjetini pospite naribani sir.
e)   Povrh stavite jalapeños narezan na kriške za dodatni užitak.
f)   Ukrasite nasjeckanim cilantrom.
g)   Poslužite odmah i uživajte u napunjenim prženim krumpirićima s roštilja.

70. Cheeseburger krumpirići

SASTOJCI:
- 1 funta mljevene govedine
- 1 žlica maslinovog ulja
- 1 manja glavica luka sitno nasjeckana
- 2 češnja češnjaka, mljevena
- Posolite i popaprite po ukusu
- Smrznuti pomfrit
- Naribani cheddar sir
- Rajčled narezane na kockled
- Kisele krastavce narezane na kockled
- Crveni luk narezan na kockled
- Kečap i senf (po želji)

UPUTE:
a) Zagrijte pećnicu i skuhajte smrznuti pomfrit prema uputama na pakiranju .
b) U tavi zagrijte maslinovo ulje na srednje jakoj vatri i dodajte nasjeckani luk i nasjeckani češnjak. Kuhajte dok ne omekša.
c) Dodajte mljevenu govedinu u tavu i kuhajte dok ne porumeni, razbijajući je u male mrvled. Začinite solju i paprom po ukusu.
d) Nakon što su krumpirići pečeni, prebacite ih u posudu za pećnicu ili lim za pečenje.
e) Pospite kuhanu mljevenu govedinu preko krumpirića i pospite naribanim cheddar sirom.
f) Pecite u pećnici nekoliko minuta dok se sir ne otopi i postane mjehurić.
g) Izvadite iz pećnled i nadjenite rajčled narezane na kockled, kisele krastavce i crveni luk.
h) Poslužite uz kečap i senf po želji.

71.Pomfrit s govedinom i čilijem

SASTOJCI:
- 1 funta mljevene govedine
- 1 žlica maslinovog ulja
- 1 manja glavica luka nasjeckana
- 2 češnja češnjaka, mljevena
- 1 limenka (15 unci) graha, ocijeđenog i ispranog
- 1 konzerva (14,5 unci) rajčled narezane na kockled
- 1 limenka (8 unci) umaka od rajčled
- 2 žlled čilija u prahu
- 1 žličica mljevenog kima
- Posolite i popaprite po ukusu
- Smrznuti pomfrit
- Naribani cheddar sir
- Narezani jalapenos (po želji)
- Nasjeckani zeleni luk (po želji)

UPUTE:
a) Zagrijte pećnicu i skuhajte smrznuti pomfrit prema uputama na pakiranju .
b) U tavi zagrijte maslinovo ulje na srednje jakoj vatri i dodajte nasjeckani luk i nasjeckani češnjak. Kuhajte dok ne omekša.
c) Dodajte mljevenu govedinu u tavu i kuhajte dok ne porumeni, razbijajući je u male mrvled. Ocijedite sav višak masnoće.
d) Umiješajte grah, rajčicu narezanu na kockled, umak od rajčled, čili u prahu, kumin, sol i papar. Pirjajte oko 15 minuta da se okusi sjedine.
e) Nakon što su krumpirići pečeni, prebacite ih u posudu za pećnicu ili lim za pečenje.
f) Žlicom nanesite goveđi čili preko krumpirića i pospite nasjeckanim cheddar sirom.
g) Pecite u pećnici nekoliko minuta dok se sir ne otopi i postane mjehurić.
h) Izvadite iz pećnled i premažite po želji narezanim jalapenosom i nasjeckanim zelenim lukom.

72.Piletina Ranch krumpirići

SASTOJCI:
- Smrznuti pomfrit
- Kuhana pileća prsa, narezana na kockled ili nasjeckana
- Hrskava slanina, izmrvljena
- Ranch dressing
- Naribani sir
- Sjeckani svježi peršin (po želji)

UPUTE:
a) Zagrijte pećnicu i skuhajte smrznuti pomfrit prema uputama na pakiranju.
b) Nakon što su krumpirići pečeni, prebacite ih u posudu za pećnicu ili lim za pečenje.
c) Pomfrit stavite na kockled ili nasjeckana kuhana pileća prsa.
d) Preko piletine pospite hrskave mrvled slanine.
e) Pomfrit prelijte ranč preljevom.
f) Po vrhu pospite naribani sir.
g) Pecite u pećnici nekoliko minuta dok se sir ne otopi i postane mjehurić.
h) Izvadite iz pećnled i po želji ukrasite nasjeckanim svježim peršinom.

73. Cajun pomfrit od račića

SASTOJCI:
- 1 funta (450 g) velikih škampa, oguljenih i očišćenih
- 2 žlled Cajun začina
- ½ žličled češnjaka u prahu
- ½ žličled paprike
- Posolite i popaprite po ukusu
- 4 šalled smrznutog pomfrita
- Maslinovo ulje za podlijevanje
- Svježi peršin, nasjeckani (po želji)
- Kriške limuna za posluživanje

UPUTE:
a) Zagrijte pećnicu i skuhajte smrznuti pomfrit prema uputama na pakiranju.
b) U zdjeli pomiješajte Cajun začin, češnjak u prahu, papriku, sol i papar.
c) Osušite škampe papirnatim ručnicima, a zatim ih ubacite u mješavinu začina dok se ne ujednače.
d) Zagrijte maslinovo ulje u tavi na srednje jakoj vatri.
e) Začinjene škampe kuhajte oko 2-3 minute sa svake strane ili dok se ne skuhaju i malo pougljenje.
f) Pečeni pomfrit izvadite iz pećnled i premjestite na tanjur za posluživanje.
g) Rasporedite Cajun škampe na krumpiriće.
h) Premažite maslinovim uljem i po želji pospite svježim peršinom.
i) Poslužite s kriškama limuna za cijeđenje preko škampa i krumpirića.

74.Kamion s hranom Poutine

SASTOJCI:

- 4 velika krumpira, oguljena i narezana na krumpiriće
- Biljno ulje za prženje
- 2 šalled skute od sira
- Sos:
- 2 žlled maslaca
- 2 žlled višenamjenskog brašna
- 2 šalled goveđe ili pileće juhe
- Posolite i popaprite po ukusu

UPUTE:

a) Zagrijte biljno ulje u fritezi ili velikom loncu na 350°F (175°C).
b) Pržite krumpiriće u serijama dok ne porumene i postanu hrskavi. Izvadite iz ulja i ocijedite na papirnatim ubrusima.
c) U loncu rastopite maslac na srednje jakoj vatri. Umiješajte brašno da napravite zapršku i kuhajte 1-2 minute.
d) Postupno umiješajte goveđu ili pileću juhu dok ne postane glatka. Zakuhati i kuhati dok se ne zgusne oko 5-7 minuta uz povremeno miješanje.
e) Umak začinite solju i paprom po ukusu.
f) Da biste sastavili poutine, stavite sloj krumpirića na tanjur ili zdjelu za posluživanje. Prelijte skutom od sira.
g) Vrući umak prelijte preko pomfrita i skute, pustite da se sir malo otopi.
h) Poslužite odmah i uživajte u svom ukusnom poutineu!

MAINS

75. Najbolja dječja stražnja rebra

SASTOJCI:
- 2 polled dječjih stražnjih rebara
- 1 šalica BBQ umaka
- 1/4 šalled smeđeg šećera
- 2 žlled paprike
- 2 žlled češnjaka u prahu
- 2 žlled luka u prahu
- 1 žlica čilija u prahu
- Posolite i popaprite po ukusu

UPUTE:
a) Prethodno zagrijte roštilj na srednje jaku temperaturu.
b) U maloj zdjeli pomiješajte smeđi šećer, papriku, češnjak u prahu, luk u prahu, čili u prahu, sol i papar da dobijete suhu smjesu.
c) Obilno utrljajte suhu utrljanu preko obje strane rebara.
d) Stavite rebra na roštilj i pecite 1,5 do 2 sata, ili dok meso ne omekša i lako se odvaja od kosti.
e) Tijekom zadnjih 15 minuta kuhanja, premažite rebra BBQ umakom, povremeno okrećite kako biste osigurali ravnomjeran premaz.
f) Kad su gotova, uklonite rebarca s roštilja i ostavite ih nekoliko minuta prije rezanja i posluživanja. Uživajte u ukusnim bebinim rebarcima!

76.Dimljeni Mac i sir

SASTOJCI:
- 1 lb lakat makarona
- 4 žlled neslanog maslaca
- 1/4 šalled višenamjenskog brašna
- 2 šalled punomasnog mlijeka
- 2 šalled nasjeckanog sira (cheddar, Monterey Jack ili mješavina)
- Posolite i popaprite po ukusu
- Dimljena paprika za ukras (po želji)

UPUTE:
a) Skuhajte laktove makarone prema uputama na pakiranju dok ne budu al dente. Ocijedite i ostavite sa strane.
b) U velikom loncu otopite maslac na srednjoj vatri.
c) Umiješajte brašno da dobijete zapršku i kuhajte 1-2 minute dok ne porumeni.
d) Postupno umiješajte mlijeko uz stalno miješanje da ne budu grudled.
e) Kuhajte umak dok se ne zgusne, oko 5 minuta, često miješajući.
f) Maknite lonac s vatre i umiješajte nasjeckani sir dok se ne otopi i postane glatko.
g) Umak od sira začinite solju i paprom po ukusu.
h) Dodajte kuhane makarone u umak od sira i miješajte dok se ne ujednače.
i) Zagrijte pušnicu na 225°F (110°C).
j) Prebacite mac i sir u jednokratnu aluminijsku tavu ili tavu od lijevanog željeza.
k) Stavite tavu u pušnicu i pušite 1-2 sata, dok mac i sir ne poprime okus dima.
l) Po želji pospite dimljenom paprikom za ukras.
m) Poslužite vruće i uživajte u ukusnom dimljenom macu i siru!

77. Korejska govedina i riža

SASTOJCI:
- 1 lb mljevene govedine
- 1/4 šalled soja umaka
- 2 žlled smeđeg šećera
- 2 češnja češnjaka, mljevena
- 1 žličica naribanog đumbira
- 1 žlica sezamovog ulja
- 2 zelena luka, nasjeckana
- Kuhana riža
- Sezamove sjemenke za ukras
- Narezani zeleni luk za ukras
- Po želji: narezana mrkva, paprika ili drugo povrće

UPUTE:
a) U tavi na srednje jakoj vatri kuhajte mljevenu govedinu dok ne porumeni i skuha se. Ocijedite sav višak masnoće.
b) U maloj posudi pomiješajte sojin umak, smeđi šećer, mljeveni češnjak, naribani đumbir i sezamovo ulje.
c) Prelijte umak preko kuhane mljevene junetine i promiješajte da se ravnomjerno prekrije.
d) Dodajte nasjeckani mladi luk (i bilo koje povrće po želji) u tavu i kuhajte još 2-3 minute.
e) Poslužite korejsku govedinu preko kuhane riže.
f) Ukrasite sjemenkama sezama i narezanim mladim lukom.
g) Uživajte u svojoj ukusnoj korejskoj govedini i riži!

78.Omiljeni Mesna štrucaGyros

SASTOJCI:
- 1 lb mljevene govedine
- 1/2 šalled krušnih mrvica
- 1/4 šalled mlijeka
- 1 jaje
- 2 češnja češnjaka, mljevena
- 1 žličica sušenog origana
- 1 žličica sušenog bosiljka
- Posolite i popaprite po ukusu
- Tzatziki umak
- Pita kruh
- Narezane rajčled
- Narezani luk
- Zelena salata

UPUTE:
a) Zagrijte pećnicu na 375°F (190°C).
b) U velikoj zdjeli pomiješajte mljevenu govedinu, krušne mrvled, mlijeko, jaje, mljeveni češnjak, sušeni origano, sušeni bosiljak, sol i papar. Dobro promiješajte.
c) Od smjese oblikujte mesne štruce i stavite ih na pleh obložen papirom za pečenje.
d) Pecite 25-30 minuta, ili dok ne bude pečeno.
e) Dok se gyros od mesne štruce peče, pripremite tzatziki umak i pripremite pita kruh i nadjeve.
f) Zagrijte pita kruh u pećnici ili na tavi.
g) Sastavite gyros tako da na svaki pita kruh stavite po jednu mesnu štrucu.
h) Prelijte tzatziki umakom, narezanim rajčicama, narezanim lukom i zelenom salatom.
i) Presavijte pita kruh preko nadjeva kako biste oblikovali giro.
j) Poslužite odmah i uživajte u svom omiljenom mesnom girosu!

79. Svinjsko i ramensko prženje

SASTOJCI:
- 2 paketa instant ramen rezanaca (bacite pakete začina)
- 1 lb svinjskog lungića, tanko narezanog
- 2 žlled soja umaka
- 1 žlica umaka od kamenica
- 1 žlica hoisin umaka
- 1 žlica sezamovog ulja
- 2 češnja češnjaka, mljevena
- 1 žlica naribanog đumbira
- 2 šalled miješanog povrća (kao što su paprike, grašak, mrkva)
- Zeleni luk, nasjeckani za ukras
- Sezamove sjemenke za ukras

UPUTE:
a) Skuhajte instant ramen rezance prema uputama na pakiranju. Ocijedite i ostavite sa strane.
b) U zdjeli marinirajte tanko narezani lungić u sojinom umaku, umaku od kamenica, hoisin umaku, sezamovom ulju, mljevenom češnjaku i naribanom đumbiru 15-20 minuta.
c) Zagrijte veliku tavu ili wok na jakoj vatri. Dodajte mariniranu svinjetinu i pržite uz miješanje dok se ne skuha i ne porumeni, oko 3-4 minute.
d) Dodajte miješano povrće u tavu i miješajući pržite još 2-3 minute ili dok ne postane hrskavo.
e) Dodajte kuhane ramen rezance u tavu i promiješajte da se pomiješaju sa svinjetinom i povrćem.
f) Kuhajte još 2-3 minute uz često miješanje.
g) Maknite s vatre i ukrasite nasjeckanim zelenim lukom i sjemenkama sezama.
h) Poslužite vruće i uživajte u ukusnom prženju od svinjetine i ramena!

80. Čilijem naribana rebra

SASTOJCI:
- Dječja stražnja rebra
- Čili prah
- Češnjak u prahu
- Luk u prahu
- Paprika
- Sol i papar
- Barbecue umak za posluživanje

UPUTE:
a) Prethodno zagrijte roštilj na srednje jaku temperaturu.
b) U maloj posudi pomiješajte čili u prahu, češnjak u prahu, luk u prahu, papriku, sol i papar da dobijete čili.
c) Mješavinu čilija izdašno utrljajte po površini bebinih leđa.
d) Začinjena rebarca stavite na prethodno zagrijani roštilj i pecite 1-1,5 sat, povremeno ih okrećući, dok rebarca ne omekšaju i ispeku se.
e) Po želji premažite rebra umakom za roštilj tijekom zadnjih 10 minuta pečenja.
f) Uklonite rebra s roštilja i ostavite ih nekoliko minuta prije posluživanja.
g) Poslužite Big Johnova rebarca naribana čilijem topla s dodatnim umakom za roštilj sa strane.
h) Uživajte u ukusnim i nježnim rebarcima!

81. Parfe od vučene svinjetine

SASTOJCI:
- Pulena svinjetina
- Pire krompir
- Umak za roštilj
- Salata od kupusa
- Zeleni luk, nasjeckan (po želji)

UPUTE:
a) Pudenu svinjetinu poslažite na dno čaše ili posude za posluživanje.
b) Dodajte sloj pire krumpira na vrh svinjskog mesa.
c) Preko pire krumpira prelijte umak za roštilj.
d) Dodajte sloj salate od kupusa na vrh umaka za roštilj.
e) Ponavljajte slojeve sve dok se čaša ili posuda ne napune, završavajući slojem salate od kupusa na vrhu.
f) Po želji ukrasite nasjeckanim zelenim lukom.
g) Poslužite odmah i uživajte u svom slanom parfeu od vučene svinjetine!

82.Kamion s hranom Pad Thai

SASTOJCI:
- 8 oz rižinih rezanaca
- 2 žlled biljnog ulja
- 2 češnja češnjaka, mljevena
- 1 šalica kuhane piletine, škampa ili tofua (po izboru)
- 2 jaja, lagano tučena
- 1 šalica klica graha
- 1/4 šalled nasjeckanog mladog luka
- 1/4 šalled nasjeckanog kikirikija
- Kriške limete za posluživanje
- Pad Thai umak:
- 3 žlled ribljeg umaka
- 2 žlled soja umaka
- 2 žlled paste od tamarinda
- 1 žlica smeđeg šećera
- 1 žličica čili pahuljica (po želji)

UPUTE:
a) Skuhajte rižine rezance prema uputama na pakiranju. Ocijedite i ostavite sa strane.
b) U maloj posudi pomiješajte sastojke za Pad Thai umak: riblji umak, sojin umak, pastu od tamarinda, smeđi šećer i čili pahuljled. Staviti na stranu.
c) Zagrijte biljno ulje u velikoj tavi ili woku na srednje jakoj vatri.
d) Dodajte mljeveni češnjak u tavu i kuhajte dok ne zamiriše.
e) Ako koristite, dodajte kuhanu piletinu, škampe ili tofu u tavu i pržite uz miješanje dok se ne zagrije.
f) Gurnite sastojke na jednu stranu tave, a na drugu ulijte razmućena jaja. Miksajte jaja dok se ne skuhaju.
g) Dodajte kuhane rižine rezance u tavu zajedno s Pad Thai umakom. Sve zajedno miješajte dok se dobro ne sjedini.
h) Umiješajte klled graha i nasjeckani mladi luk te kuhajte još 1-2 minute.
i) Maknite s vatre i ukrasite nasjeckanim kikirikijem.
j) Poslužite vruće s kriškama limete sa strane.
k) Uživajte u svom jednostavnom Pad Thaiju!

83. Piletina Kijev

SASTOJCI:
- 4 pileća prsa, oko 1/2 lb svaka
- Posolite i popaprite po ukusu
- 1/4 funte (8 žlica) maslaca, omekšalog
- 1 žličica korova kopra, sitno nasjeckanog
- 1 žličica ravnog lista peršina, sitno nasjeckanog
- 1 šalica brašna
- 2 jaja, istučena
- 2 šalled finih krušnih mrvica
- Ulje za prženje

UPUTE:
a) Položite pileća prsa na plastičnu foliju i nježno istucite čekićem za meso dok ne budu prilično tanka. Pospite solju i paprom po ukusu.
b) U zdjelu stavite mekani maslac i vilicom ili prstima dobro umiješajte kopar i peršin.
c) Maslac oblikujte u valjak i stavite u zamrzivač na oko 10-20 minuta dok se ne stvrdne, ali ne zamrzne.
d) Kad se stvrdne, izvadite maslac iz zamrzivača i podijelite ga na četiri koluta jednake veličine.
e) Stavite svaki kolut na dužu stranu svakog pilećeg prsa. Kraće strane gurnite prema sredini, dužu stranu prsa preklopite preko maslaca i čvrsto smotajte. Kada su sve gotove, stavite prsa u hladnjak na oko sat vremena, dok se ne ohlade.
f) Kada ste spremni za kuhanje, zagrijte oko 1-1/2 do 2 inča ulja u dubokoj, teškoj tavi do 350°F.
g) U zdjelu umutite jaje i na jedan tanjur stavite brašno, a na drugi prezle. Pileća prsa uvaljajte u brašno, zatim u smjesu od jaja, pa u krušne mrvled dok se dobro ne prekriju. Stavite na vruće ulje i pržite šest do sedam minuta dok dobro ne porumene. Provjerite je li piletina kuhana.
h) Kad je gotovo, izvadite iz posude i ocijedite na papirnatim ubrusima.
i) Poslužite s narezanim krastavcima ili nasjeckanim kiselim kupusom.

84. Vol-au-Vent

SASTOJCI:
- 4-6 kora lisnatog tijesta (kupovnog ili domaćeg)
- 1 funta pilećih prsa, narezanih na komade veličine zalogaja
- 8 oz. gljive, narezane na ploške
- 4 žlled. maslac
- 4 žlled. višenamjensko brašno
- 2 šalled pileće juhe
- 1 šalica gustog vrhnja
- 1 glavica luka sitno nasjeckana
- 2 češnja češnjaka, mljevena
- 1 žlica. listovi svježeg timijana
- Sol i papar, po ukusu
- Pranje jaja (1 jaje umućeno s malo vode)
- Svježi peršin, nasjeckani (za ukras, po želji)

UPUTE:

a) Zagrijte pećnicu na temperaturu navedenu na pakiranju lisnatog tijesta. Korled od lisnatog tijesta pecite prema uputama dok ne porumene i nabubre. Staviti na stranu.

b) U velikoj tavi otopite maslac na srednjoj vatri.

c) Dodajte nasjeckani luk i nasjeckani češnjak te pirjajte dok ne omekšaju i postanu prozirni.

d) Dodajte komade piletine u tavu i kuhajte dok ne prestanu biti ružičasti. Izvadite piletinu iz tave i ostavite je sa strane.

e) U istu tavu dodajte narezane šampinjone i kuhajte dok ne otpuste vlagu i porumene.

f) Pospite brašno preko gljiva i dobro promiješajte da se oblože.

g) Kuhajte minutu-dvije da nestane okus sirovog brašna.

h) Postupno ulijevajte pileću juhu uz stalno miješanje. Zakuhajte smjesu i ostavite da se zgusne.

i) Umiješajte vrhnje i listiće svježeg timijana. Nastavite pirjati nekoliko minuta dok umak ne postane gust i kremast.

j) Kuhanu piletinu vratite u tavu i začinite solju i paprom po ukusu.

k) Dobro promiješajte da se piletina sjedini s umakom.

l) Za sastavljanje pažljivo uklonite gornji dio ljuske lisnatog tijesta kako biste napravili šupljinu. Svaku školjku napunite umakom od piletine i gljiva.

m) Vratite gornji dio ljuski lisnatog tijesta na vrh nadjeva. Lagano premažite vrhove kremom od jaja.

n) Napunjene kore lisnatog tijesta stavite na lim za pečenje i pecite u prethodno zagrijanoj pećnici oko 10-15 minuta ili dok vrhovi ne porumene i dok se nadjev ne zagrije.

o) Po želji ukrasite nasjeckanim svježim peršinom i poslužite Vol-au-Vent vruć.

DESERT I SLATKIŠE

85. Tradicionalni lijevkasti kolači

SASTOJCI:
- 2 šalled višenamjenskog brašna
- 1 žličica praška za pecivo
- 1/2 žličled soli
- 2 žlled granuliranog šećera
- 2 jaja
- 1 1/2 šalled mlijeka
- 1 žličica ekstrakta vanilije
- Biljno ulje, za prženje
- Šećer u prahu, za posipanje

UPUTE:
a) U velikoj zdjeli za miješanje pomiješajte brašno, prašak za pecivo, sol i granulirani šećer.
b) U posebnoj zdjeli umutite jaja pa umiješajte mlijeko i ekstrakt vanilije.
c) Postupno dodajte mokre sastojke suhim sastojcima, miješajući dok smjesa ne postane glatka i dobro spojena.
d) Zagrijte oko 1 inč biljnog ulja u dubokoj tavi ili loncu na 375°F (190°C).
e) Ulijte tijesto u lijevak ili bocu za cijeđenje i pažljivo ga ukapajte u vruće ulje kružnim pokretima kako biste oblikovali rešetkasti uzorak.
f) Pržite lijevkaste kolačiće oko 2 minute sa svake strane ili dok ne porumene i postanu hrskavi.
g) Pogačled hvataljkama izvadite iz ulja i ocijedite ih na papirnatim ručnicima.
h) Tople lijevčled obilno pospite šećerom u prahu.
i) Poslužite odmah i uživajte u klasičnom okusu tradicionalnih lijevka!

86. Sladoledni sendviči Ludost za slatkišima

SASTOJCI:
- Kolačići s komadićima čokolade (kupovni ili domaći)
- Sladoled po želji (vanilija, čokolada ili okus po želji)
- Razni slatkiši (M&M's, Reese's Pieces, nasjeckani Snickers itd.)

UPUTE:
a) Stavite kuglicu sladoleda na donju stranu kolačića s komadićima čokolade.
b) Na vrh stavite drugi kolačić, donjom stranom prema dolje, da napravite sendvič.
c) Rubove sladolednog sendviča uvaljajte u različite bombone dok ne budu premazani.
d) Ponovite s preostalim kolačićima i sladoledom.
e) Sastavljene sladoledne sendviče stavite u zamrzivač da se stegne prije posluživanja.
f) Poslužite svoje sladoledne sendviče Ludost za slatkišima ohlađene i uživajte!

87. Sladoled od jagoda

SASTOJCI:
- 2 šalled svježih jagoda, oguljenih i prepolovljenih
- 3/4 šalled granuliranog šećera
- 2 šalled punomasnog mlijeka
- 1 šalica gustog vrhnja
- 1 žličica ekstrakta vanilije

UPUTE:
a) U blenderu ili procesoru hrane pasirajte svježe jagode s granuliranim šećerom dok ne postane glatko.
b) U loncu zagrijte pire od jagoda na srednje jakoj vatri dok ne počne kuhati.
c) Maknite s vatre i pustite da se smjesa ohladi na sobnu temperaturu.
d) U zasebnoj posudi umutite punomasno mlijeko, vrhnje i ekstrakt vanilije.
e) U ohlađeni pire od jagoda umiješajte dok se dobro ne sjedini.
f) Pokrijte zdjelu i ostavite smjesu u hladnjaku najmanje 4 sata ili preko noći dok se potpuno ne ohladi.
g) Nakon što se ohladi, ulijte smjesu u aparat za sladoled i mutite prema uputama proizvođača .
h) Prebacite umućeni sladoled u posudu prikladnu za zamrzavanje i zamrznite još 2-3 sata dok se ne stegne.
i) Poslužite kuglled gelata od jagoda u zdjelicama ili kornetima i uživajte!

88. Poslastled u kornetu od sladoleda

SASTOJCI:
- Korneti za sladoled
- Sladoled po izboru
- Razni dodaci (posipi, komadići čokolade, nasjeckani orasi, karamel umak, šlag, maraskino višnje itd.)

UPUTE:
a) Svaki kornet sladoleda napunite kuglicom svog omiljenog okusa sladoleda.
b) Umočite sladoled u razne nadjeve po vašem izboru, poput posipa, komadića čokolade, nasjeckanih orašastih plodova itd.
c) Po želji: prelijte umakom od karamele ili prelijte tučenim vrhnjem i višnjom maraskina.
d) Poslužite odmah i uživajte u zabavnim i prilagodljivim poslasticama od korneta sladoleda!

89. Kamion s hranom Naranča Krema Tata

SASTOJCI:
- 1 šalica soka od naranče
- 1 šalica gustog vrhnja
- 1/4 šalled granuliranog šećera
- 1 žličica ekstrakta vanilije
- Korica 1 naranče (po želji)

UPUTE:
a) U zdjeli pomiješajte sok od naranče, gusto vrhnje, granulirani šećer, ekstrakt vanilije i koricu naranče dok se dobro ne sjedine.
b) Smjesu ulijte u kalupe za sladoled, ostavite malo prostora na vrhu za širenje.
c) U kalupe umetnite štapiće za sladoled.
d) Zamrznite najmanje 4 sata ili dok se sladoledi potpuno ne zamrznu.
e) Nakon što se zamrznu, izvadite sladoledne sladolede iz kalupa i uživajte u osvježavajućim kolačićima od naranče!

90.Jagoda-rabarbara Led Tata

SASTOJCI:
- 2 šalled nasjeckane rabarbare
- 2 šalled nasjeckanih jagoda
- 1/2 šalled vode
- 1/4 šalled meda ili šećera (po želji)
- Kalupi za led
- Led pop štapići

UPUTE:
a) U loncu pomiješajte nasjeckanu rabarbaru, nasjeckane jagode, vodu i med ili šećer.
b) Pustite smjesu da lagano kuha na srednjoj vatri.
c) Kuhajte 10-15 minuta, ili dok rabarbara ne omekša, a jagode se slome, povremeno miješajući.
d) Maknite s vatre i pustite da se smjesa malo ohladi.
e) Upotrijebite potopni blender ili obični blender kako biste smjesu izradili u pire dok ne postane glatka.
f) Smjesu ulijte u kalupe za led, a na vrhu ostavite malo prostora za širenje.
g) U kalupe umetnite štapiće za led.
h) Zamrznite ledenled najmanje 4-6 sati ili dok se potpuno ne zamrznu.
i) Nakon što se zamrznu, izvadite sladoled iz kalupa i uživajte u osvježavajućim sladoledima od jagode i rabarbare!

91. Brownie Utopljeni Sundaes

SASTOJCI:
- Brownies (domaće ili kupovne), narezati na kocke
- Sladoled od vanilije
- Skuhani espresso ili jaka kava
- Šlag
- Čokoladne strugotine ili kakao prah za ukras (po želji)

UPUTE:
a) Stavite brownie kockled na dno čaša ili zdjelica za posluživanje.
b) Dodajte kuglicu sladoleda od vanilije na vrh browniesa.
c) Prelijte vrući kuhani espresso ili jaku kavu preko sladoleda i kolačića.
d) Odozgo premazati šlagom.
e) Po želji ukrasite komadićima čokolade ili kakaom u prahu.
f) Poslužite odmah i uživajte u slatkim kolačićima Utopljeni sladoledu!

92. Smrznute kašled od banana

SASTOJCI:
- Zrele banane
- Jogurt (obični ili s okusom)
- Vaše omiljene žitarled za doručak (kao što su kukuruzne pahuljled ili granola)
- Drveni štapići za sladoled

UPUTE:
a) Zrele banane ogulite i prerežite poprečno na pola.
b) Umetnite drveni štapić za sladoled u odrezani kraj svake polovled banane.
c) Svaku polovicu banane umočite u jogurt i ravnomjerno premažite.
d) Banane obložene jogurtom uvaljajte u svoje omiljene žitarled za doručak dok se dobro ne oblože.
e) Obložene banane stavite na lim obložen papirom za pečenje.
f) Zamrznite najmanje 2 sata ili dok se potpuno ne zamrzne.
g) Nakon što se zamrznu, izvadite ga iz zamrzivača i uživajte u smrznutim banana pahuljicama kao osvježavajućem i hranjivom međuobroku!

93. Prženi sladoled bez prženja

SASTOJCI:
- Sladoled od vanilije
- Žitarled kukuruzne pahuljled, zgnječene
- Med
- Mljeveni cimet
- Šlag (po želji)
- Maraschino višnje (po želji)

UPUTE:
a) Grabite kuglled sladoleda od vanilije i stavljajte ih na pleh obložen papirom za pečenje.
b) Zamrznite kuglled sladoleda najmanje 1 sat ili dok se ne stvrdnu.
c) U plitkoj posudi pomiješajte zdrobljene kukuruzne pahuljled, malo meda i malo mljevenog cimeta.
d) Svaku smrznutu kuglicu sladoleda uvaljajte u smjesu kukuruzflakea dok ne bude ravnomjerno obložena.
e) Stavite obložene kuglled sladoleda natrag na lim obložen papirom za pečenje i zamrznite još 30 minuta.
f) Izvadite smrznute kuglled sladoleda iz zamrzivača i ostavite ih nekoliko minuta na sobnoj temperaturi prije posluživanja.
g) Po želji: Poslužite prženi sladoled bez prženja preliven tučenim vrhnjem i višnjom maraskina.
h) Uživajte u ukusnom prženom sladoledu bez prženja!

94.Starinski sladoled od kreme

SASTOJCI:
- 2 šalled gustog vrhnja
- 1 šalica punomasnog mlijeka
- 3/4 šalled granuliranog šećera
- 4 žumanjka
- 1 žličica ekstrakta vanilije
- Prstohvat soli

UPUTE:
a) U loncu pomiješajte vrhnje, punomasno mlijeko i granulirani šećer. Zagrijte na srednjoj vatri dok smjesa ne bude vruća, ali ne proključa, povremeno miješajući.
b) U posebnoj posudi umutite žumanjke dok ne postanu glatki.
c) Otprilike polovicu vruće smjese vrhnja postupno ulijevajte u žumanjke uz stalno miješanje da se jaja temperiraju.
d) Ulijte smjesu jaja natrag u lonac s preostalom smjesom vrhnja, stalno miješajući.
e) Kuhajte smjesu od pudinga na srednje jakoj vatri, neprestano miješajući, dok se ne zgusne dovoljno da možete premazati stražnju stranu žlled, oko 5-7 minuta. Nemojte dopustiti da prokuha.
f) Maknite lonac s vatre i umiješajte ekstrakt vanilije i sol.
g) Procijedite kremu kroz fino sito u čistu zdjelu kako biste uklonili grudled.
h) Pokrijte zdjelu plastičnom folijom, pritišćući je izravno na površinu kreme kako biste spriječili stvaranje kožled.
i) Ohladite kremu u hladnjaku najmanje 4 sata ili preko noći dok se potpuno ne ohladi.
j) Nakon što se ohladi, umutite kremu u aparatu za sladoled prema uputama proizvođača.
k) Prebacite umućeni sladoled u posudu prikladnu za zamrzavanje i zamrznite najmanje 4 sata ili dok se ne stegne.
l) Poslužite kuglled starog sladoleda od pudinga u zdjelicama ili kornetima i uživajte!

PIĆA

95.Jagoda Lubenica Slush

SASTOJCI:
- 2 šalled svježih jagoda, oguljenih i prepolovljenih
- 2 šalled kockled lubenled
- 1 žlica meda (po želji)
- 1 šalica kockica leda
- Listići svježe mente za ukras (po želji)

UPUTE:
a) Stavite svježe jagode i kockled lubenled u blender.
b) Po želji dodajte med za dodatnu slatkoću.
c) Miješajte dok ne postane glatko.
d) Dodajte kockled leda u blender i ponovno miksajte dok smjesa ne postane glatka.
e) Kušajte i prilagodite slatkoću ako je potrebno dodavanjem još meda.
f) Ulijte kašu od jagode i lubenled u čaše.
g) Po želji ukrasite listićima svježe mente.
h) Poslužite odmah i uživajte u osvježavajućoj kaši od lubenled od jagode!

96.Rabarbara Lemonade Slush

SASTOJCI:
- 4 šalled nasjeckane rabarbare
- 1 šalica šećera
- 4 šalled vode
- 1 šalica svježe iscijeđenog soka od limuna
- Kocke leda
- Kriške limuna za ukras (po želji)
- Listići mente za ukras (po želji)

UPUTE:
a) U loncu pomiješajte nasjeckanu rabarbaru, šećer i vodu.
b) Zakuhajte, zatim smanjite vatru i kuhajte 10-15 minuta, ili dok rabarbara ne omekša.
c) Maknite s vatre i pustite da se smjesa ohladi na sobnu temperaturu.
d) Procijedite smjesu rabarbare kroz fino sito, pritiskajući kako biste izvukli što više tekućine.
e) Odbacite krutine i premjestite sirup od rabarbare u veliki vrč.
f) Umiješajte svježe iscijeđeni sok od limuna.
g) Ohladite limunadu od rabarbare dok se ne ohladi.
h) Za posluživanje napunite čaše kockicama leda i prelijte limunadu od rabarbare preko leda.
i) Po želji ukrasite kriškama limuna i listićima mente.
j) Promiješajte prije pijenja da se okusi sjedine.
k) Uživajte u svojoj osvježavajućoj limunadi od rabarbare na vrućem danu!

97. Limunada od krastavca i mente

SASTOJCI:
- 4 šalled vode
- 1/2 šalled svježe iscijeđenog soka od limuna
- 1/4 šalled meda ili običnog sirupa (po želji)
- 1/2 krastavca, tanko narezanog
- Šaka svježih listova metvled
- Kocke leda

UPUTE:
a) U vrču pomiješajte vodu, svježe iscijeđeni limunov sok, med ili obični sirup, tanko narezani krastavac i svježe listiće mente.
b) Dobro promiješajte da se sladilo sjedini i otopi.
c) Stavite u hladnjak na najmanje 1 sat kako bi se okusi stopili.
d) Poslužite preko kockica leda u čašama, po želji ukrašeno dodatnim kriškama krastavca i listićima mente.

98.Ledeni kavu s mlijekom od lavande

SASTOJCI:
- 2 šalled espressa ili 1/2 šalled jako kuhane kave, ohlađene
- 1/2 šalled mlijeka (bilo koje vrste po želji)
- 1-2 žlled sirupa od lavande (po želji)
- Kocke leda
- Osušeni kulinarski cvjetovi lavande za ukras (po želji)

UPUTE:
a) Skuhajte espresso ili kavu i ostavite da se ohladi na sobnoj temperaturi.
b) U čašu napunjenu kockicama leda ulijte ohlađeni espresso ili kavu.
c) Umiješajte mlijeko i sirup od lavande.
d) Kušajte i prilagodite slatkoću ili okus lavande po želji.
e) Po želji ukrasite suhim cvjetovima kulinarske lavande.
f) Poslužite odmah i uživajte u svom osvježavajućem ledenom kavu s mlijekomu od lavande.

99.Limunada od breskve i bosiljka

SASTOJCI:
- 4 zrele breskve oguljene i narezane na ploške
- 1/2 šalled svježeg lišća bosiljka
- 1 šalica svježe iscijeđenog soka od limuna
- 1/2 šalled meda ili jednostavnog sirupa (po želji)
- 4 šalled vode
- Kocke leda

UPUTE:
a) U blenderu pomiješajte narezane breskve, svježe listove bosiljka i svježe iscijeđeni sok od limuna.
b) Miješajte dok ne postane glatko.
c) Ulijte mješavinu breskve i bosiljka kroz fino sito u vrč da uklonite svu pulpu.
d) Umiješajte med ili obični sirup dok se ne otopi.
e) Dodajte vodu i dobro promiješajte.
f) Ohladite u hladnjaku najmanje 1 sat.
g) Poslužite preko kockica leda u čašama, po želji ukrašeno listovima svježeg bosiljka i kriškama breskve.

100.Ledeni Matcha Kavu s mlijekom

SASTOJCI:
- 1 žličica matcha zelenog čaja u prahu
- 2 žlled vruće vode
- 1 šalica mlijeka (bilo koje vrste po želji)
- 1-2 žlled meda ili zaslađivača po želji (po želji)
- Kocke leda

UPUTE:
a) U zdjeli pomiješajte prah matcha zelenog čaja i vruću vodu dok smjesa ne postane glatka i pjenasta.
b) U čašu napunjenu kockicama leda ulijte pripremljenu matcha smjesu.
c) Dodajte mlijeko i med ili zaslađivač po izboru.
d) Dobro promiješajte da se sjedini.
e) Kušajte i prilagodite slatkoću po želji.
f) Poslužite odmah i uživajte u osvježavajućoj ledenoj matcha kavu s mlijekom.

ZAKLJUČAK

Dok se opraštamo od našeg kulinarskog putovanja kroz svijet kamiona s hranom, nadamo se da je " Favoriti kamiona s hranom svih vremena " donio živopisne okuse ulične hrane u vaš dom i nadahnuo vas da se upustite u vlastite kulinarske avanture.

Uz 100 klasika ulične hrane osmišljenih za kućnu kuhinju, iskusili ste uzbuđenje uživanja u kultnim jelima iz cijeloga svijeta bez napuštanja udobnosti vlastitog doma. Bilo da ste uživali u začinjenim tacosima, sočnim hamburgerima ili dekadentnim desertima, vjerujemo da ste uživali u svakom zalogaju svoje omiljene hrane.

Dok nastavljate istraživati svijet domaće kuhinje, potičemo vas da nastavite eksperimentirati s novim okusima, sastojcima i tehnikama. Bilo da organizirate tematsku večeru, planirate obiteljski obrok ili jednostavno žudite za okusom ulične hrane, pustite svoju kreativnost u kuhinji.

Hvala vam što ste nam se pridružili u ovoj kulinarskoj avanturi. Nadamo se da će " Favoriti kamiona s hranom svih vremena " postati dragi pratilac u vašoj kuhinji, inspirirajući ukusna jela i nezaboravne trenutke podijeljene s voljenima. Do sljedećeg puta, sretno kuhanje i bon appétit!

www.ingramcontent.com/pod-product-compliance
Lightning Source LLC
Chambersburg PA
CBHW070357120526
44590CB00014B/1167